Christine Scherzinger

Integration in globale Warenketten - eine Entwicklungschance für Haiti?

Die Exportproduktionszone von Ouanaminthe/Haiti und ihr Impact auf das Gefüge des nordhaitianischen Sozialraums

Diplomica Verlag GmbH

Scherzinger, Christine: Integration in globale Warenketten - eine Entwicklungschance für Haiti? Die Exportproduktionszone von Ouanaminthe/Haiti und ihr Impact auf das Gefüge des nordhaitianischen Sozialraums, Hamburg, Diplomica Verlag GmbH 2013

Buch-ISBN: 978-3-8428-9327-6
PDF-eBook-ISBN: 978-3-8428-4327-1
Druck/Herstellung: Diplomica® Verlag GmbH, Hamburg, 2013

Bibliografische Information der Deutschen Nationalbibliothek:
Die Deutsche Nationalbibliothek verzeichnet diese Publikation in der Deutschen Nationalbibliografie; detaillierte bibliografische Daten sind im Internet über http://dnb.d-nb.de abrufbar.

© Diplomica Verlag GmbH
Hermannstal 119k, 22119 Hamburg
http://www.diplomica-verlag.de, Hamburg 2013
Printed in Germany

Abkürzungsverzeichnis

ADI	Auslandsdirektinvestitionen
ATC	Agreement on Textile and Clothing
BIP	Bruttoinlandsprodukt
CBERA	Caribbean Basin Economic Recovery Act
CBI	Caribbean Basin Initiative
CBTPA	Caribbean Basin Trade Partnership Act
CODEVI	Compagnie Développement Industriel
DR-CAFTA	Dominican Republic-Central American Free Trade Agreement
EPZ	Exportproduktionszone/ Export processing zone
GATT	General Agreement on Tariffs and Trade
GCC	Global Commodity Chain
GPN	Global Production Network
HDI	Human Development Index
HOPE	Haitian Hemispheric Opportunity through Partnership Encouragement
IFC	International Finance Corporation
ILO	International Labor Organisation
IMF/IWF	International Monetary Fund/Internationaler Währungsfonds
KMU	Kleine und mittlere Unternehmen
MFA	Multifaserabkommen/ Multi Fibre Agreement
NAFTA	North American Free Trade Agreement
NGO	Nichtregierungsorganisation
SOKOWA	Sendika Ouvriye Kodevi nan Wanament
TNU	Transnationale Unternehmen
WHO	Welthandelsorganisation

Tabellenverzeichnis

Abbildungsverzeichnis

Kartenverzeichnis

Inhaltsverzeichnis

1. Einleitung: Einführung in das Thema und Forschungsstand

Das dynamische Wachstum des Welthandels während der letzten 30 Jahre ging mit strukturellen, politischen und technologischen Veränderungen einher, die eine Reorganisation der globalen Produktion zur Folge hatten. Eines der Kennzeichen dieser Reorganisation ist die vertikale Desintegration transnationaler Unternehmen. Im Zuge der Globalisierung, die durch die rasante Entwicklung und Verbreitung kostengünstiger Transport- und Kommunikationsmittel gekennzeichnet ist, wurde die räumliche Zerlegung der Produktionsprozesse, insbesondere die Auslagerung von arbeitsintensiven und wertschöpfungsgeringen Produktionsschritten in Niedriglohnländer zur Erhöhung der Gewinnmargen befördert. Produktion findet seither zunehmend in globalen Warenketten statt, die sich über den ganzen Globus spannen.

Die nach dem Zweiten Weltkrieg geschaffenen internationalen Institutionen zur Regulierung des Welthandels- und Weltfinanzsystems (WHO, GATT, Weltbank, IWF) verfolgten vor allem in den 80er und 90er Jahren die Strategie, wirtschaftliche Stagnation und regionale Disparitäten durch eine verstärkte Integration der Volkswirtschaften der südlichen Länder in den Weltmarkt zu überwinden, und schufen auf diese Weise die ordnungspolitischen Rahmenbedingungen, die die Globalisierung der Warenketten beförderten. Zentrale Elemente dieser Strategie waren: Deregulierung und Öffnung der Volkswirtschaften für private, vor allem ausländische, Investoren, Liberalisierung des Handels (insbesondere Abbau von Schutzzöllen) und exportorientierte Wirtschaftspolitik (World Bank 1992).

Dadurch, dass die Unternehmen die Warenproduktion immer mehr in Teilfertigungen aufspalten, können sie diese jeweils der günstigsten Kombination von Kapital und Arbeitskräften räumlich zuordnen (Schamp 2000). Seitens der Politik geschaffene Voraussetzungen erleichtern die internationalen Interaktionen und erlauben den Unternehmen eine optimale Nutzung vorhandener Ressourcen (*global sourcing*) mit dem Ziel der Kosteneinsparung und Gewinnmaximierung (Kulke 2005).

Vor allem arbeitsintensive Produktionsschritte, in denen keine Größeneffekte erzielt werden, wurden aus den Industrieländern in Exportproduktionszonen der Niedriglohnländer verlagert. Die Ausfuhr von teilgefertigten Produkten zur arbeitsintensiven Bearbeitung in den Niedriglohnländern und die anschließende Wiedereinfuhr in die Industrieländer werden als passive Lohnveredelung beschrieben (Fröbel et al. 1977). Das Zeitalter des tayloristischen Arbeitssystems existiert somit in seinen Grundzügen

(Massenfertigung) weiter (Schamp 2000). Diese standardisierten Arbeitsschritte erfordern überwiegend wenig qualifizierte, preiswerte Arbeitskraft. Während höherwertige, wertschöpfungsintensivere Segmente der Warenketten im Herkunftsland verbleiben, bieten Entwicklungsländer nach Fröbel et al. (1977) ein unerschöpfliches Potential von Arbeitskräften, die zu niedrigen Löhnen zur Verfügung stehen und eine rentable Produktion gewährleisten. Diese Umstrukturierung nennen Fröbel et al. (1977) die neue *internationale Arbeitsteilung.* Fröbel et al. (1977) beschrieben als erste anhand empirischer Untersuchungen diese qualitativen Umstrukturierungsprozesse in der Arbeitsteilung. Sie betonen vor allem die einseitig gesteuerten Interessen und Strategien der Unternehmen in der Ausnutzung der Arbeitskräfte in Entwicklungsländern und argumentieren, dass sich hieraus nur in seltenen Fällen wirtschaftliche Entwicklungsperspektiven für das jeweilige Land herausbilden können. Unter anderem untersuchten Fröbel et al. (1977) die Arbeitsbedingungen in den neu entstandenen Produktionsstätten.

Die Globalisierung der Warenketten, die exportorientierten Wirtschafts- und Entwicklungsstrategien und die Öffnung der Volkswirtschaften für den Welthandel finden ihren deutlichsten räumlichen Ausdruck in der Einrichtung von Exportproduktionszonen (EPZs), vorwiegend in den Ländern des Südens. Bereits 1950 gab es die ersten Exportproduktionszonen. Die Implementierung von EPZs löste oftmals andere Industrialisierungsstrategien wie den Export von heimischen Waren und die Import-Substitution ab (Dicken 2007). Gab es nach Angaben der Internationalen Arbeitsorganisation (ILO) 1975 erst in 25 Ländern 79 Exportproduktionszonen, belief sich die Zahl im Jahr 2006 auf 130 Länder mit einer Gesamtzahl von 3.500 Exportproduktionszonen. Diese EPZs beschäftigen über 66 Millionen Menschen weltweit (ILO 2007).

Aufgrund der geographischen Nähe zum US-Markt wurde der karibische Raum zu einem bevorzugten Ziel der von US-amerikanischen Unternehmen vollzogenen Auslagerungsschritte. Diese Auslagerung wurde durch Handelsabkommen zwischen den USA und den Karibikanrainerstaaten unterstützt. Insbesondere die Dominikanische Republik wurde zu einem bedeutenden Standort der ausgelagerten Produktionsschritte, vor allem in der Textil- und Bekleidungsindustrie. Von der Dominikanischen Republik aus setzt jetzt die weitere Auslagerung niedrig qualifizierter Arbeitsschritte in das ärmere Nachbarland Haiti ein. Vollzogen wird diese Auslagerung durch die Implementierung einer Exportproduktionszone im haitianisch-dominikanischen Grenzraum, in der haitianische Arbeitskräfte für ein dominikanisches Unternehmen produzieren, das wiederum US-Markenhersteller beliefert.

1.1 Fragestellung

Am Beispiel der Integration Haitis in die globale Warenkette der Bekleidungsindustrie sollen in der vorliegenden Untersuchung unter Einbeziehung des aktuellen Forschungsstands einige wichtige Theorien überprüft werden. Dabei wird die Implementierung von Exportproduktionszonen in Haiti in den Fokus gerückt und das Beispiel der EPZ in der nordosthaitianischen Stadt Ouanaminthe an der haitianisch-dominikanischen Grenze vorgestellt und diskutiert. Im Rahmen der vorliegenden Studie sollen die folgenden übergeordneten Fragen erörtert werden:

- Lassen sich durch die Integration in globale Warenketten und somit in den Weltmarkt regionale Disparitäten, die vor allem im Grenzraum sichtbar werden, überwinden?

- Ist die EPZ eine Enklave, von der keine Entwicklungsimpulse für das umgebende sozialräumliche Gefüge ausgehen, spitzt sie regionale Disparitäten zu oder unter welchen Bedingungen kann sie solche abbauen?

- Unter welchen Bedingungen kann die EPZ eine nachhaltige Position in der Warenkette einnehmen?

Unter diesen Fragenstellungen werden die Implementierung der Exportproduktionszone CODEVI (Compagnie Développement Industriel) des dominikanischen Bekleidungsunternehmens Grupo M in der haitianischen Grenzstadt Ouanaminthe seit 2003 und ihre konkreten Auswirkungen (Impact) auf das soziale Umfeld untersucht. Während mehrerer Aufenthalte in der Region hatte ich bereits im Vorfeld dieser Forschung die Gelegenheit, Eindrücke und Stimmungen einzufangen und sich bereits vollziehende Veränderungen zu beobachten. Die Implementierung der EPZ erschien mir umso mehr als interessanter Untersuchungsgegenstand, als sie derzeit die am stärksten wahrnehmbare Neuerung in der Grenzregion darstellt. Zugleich ist zu erwarten, dass – bei wirtschaftlichem Erfolg – weitere solche EPZs im Grenzraum entstehen werden.

1.2 Forschungsstand und Relevanz

Die Globalisierung der Warenketten war auch das Thema des Geographentages vom 29.09. bis 05.10.2007 in Bayreuth. Unterschiedliche Konzepte und Interpretationen trafen aufeinander. Berndt betonte den Perspektivenwechsel, der sich in diesem Zusammenhang vollzieht: In der Wirtschaftsgeographie finden immer mehr Ansätze

Eingang, die territoriale Konzepte durch die einer Netzwerkperspektive ersetzen. Mit diesem Perspektivenwechsel und mit dem gestiegenen Interesse an globalen Wirtschaftsprozessen, an der räumlichen Organisation von Produktionsprozessen und an der neuen internationalen Arbeitsteilung wird die globalisierte Ökonomie als ein Netz von Orten begriffen, die unterschiedliche Aufgaben und Funktionen innerhalb der arbeitsteiligen Produktionsprozesse übernehmen.

Auch Castells (2001) vollzog bereits diesen Perspektivenwechsel. Er unterscheidet Gebiete, die in den Weltmarkt integriert und somit in globale Netzwerke oder Warenketten eingebunden sind, von solchen, die ohne Anschluss an die globale Ökonomie sind. Scholz (2002; 2004) unterscheidet in seiner Analyse der fragmentierenden Entwicklung globale, globalisierte und marginalisierte Orte, die sowohl im Norden als auch im Süden anzufinden sind, die sich im Kontext der Machtverhältnisse innerhalb globaler Wirtschaftsbeziehungen herausbilden und die auf- oder absteigen können.

Als Grundlage zur Analyse der Verknüpfung globaler Produktionsnetzwerke und zur Beobachtung räumlicher Aspekte lokaler industrieller Erscheinungsformen innerhalb der *neuen Arbeitsteilung* findet disziplinübergreifend das Konzept der Warenkette zunehmend Anwendung (Gereffi et al. 1994; Hassler 2006; Depner 2007; Krüger 2007; Kulke 2007). Dabei wird nicht nur der Frage nachgegangen, was die Einbindung in globale grenzüberschreitende Warenketten/ Produktionssysteme für Unternehmen, sondern im erweiterten Sinne auch für weitere Akteure (Nichtregierungsorganisationen, Arbeiter) bedeutet und wie institutionelle Rahmenbedingungen Einflüsse auf die Warenketten ausüben (Glückler 2001; Hendersen et al. 2002; Dicken 2007). Auf dem deutschen Geographentag wurde des Weiteren diskutiert, in welchem Verhältnis regionale und lokale Entwicklung zu den Erfordernissen und Prozessen der Produktion in globalen Warenketten steht. Auch stellte sich die Frage, ob die Weltmarktintegration von wirtschaftlich schwach entwickelten Regionen und ihre Einbindung in globale Warenketten die Chance auf soziale und wirtschaftliche Entwicklung und auf Überwindung regionaler Disparitäten bietet.

In der geographischen Fachliteratur wurden die Auswirkungen dieser Strategie auf die räumliche Entwicklung vorwiegend kritisch diskutiert. Zwar wird auf der einen Seite die Chance gesehen, dass wirtschaftlich weniger entwickelte Regionen durch verstärkte internationale wirtschaftliche Verflechtungen und Interaktionen sowie ausländische Direktinvestitionen von Kapital- und Wissenstransfer profitieren (Altenburg 2000; 2001; Schamp 2000), auf der anderen Seite jedoch werden zunehmende Abhängigkeit und

Marginalisierung von einzelnen Regionen sowie die Zunahme sozialer Spannungen (Berndt 2002; 2004; Kulke 2004; Scholz 2004) und eine weitere Polarisierung zwischen entwickelten und stagnierenden bzw. absteigenden Regionen beobachtet (Fritz 2005).

Haiti ist das ärmste Land Lateinamerikas (UNDP 2007). Seine Entwicklung war über Jahrzehnte von wirtschaftlicher Rezession, politischen Krisen und sozialen Spannungen geprägt. Umso deutlicher treten die Disparitäten zur benachbarten Dominikanischen Republik zu Tage, die sich in derselben Zeit als Tourismusziel und zum bedeutendster Industriestandort der Karibik entwickelte. Mit der Einrichtung der EPZ in Ouanaminthe, direkt an der haitianisch-dominikanischen Grenze, verknüpfen sich daher auf haitianischer Seite viele Hoffnungen auf einen wirtschaftlichen Aufschwung, auf Arbeitsplätze und auf einen Abbau des Wohlstandsgefälles gegenüber der Dominikanischen Republik. Zugleich stehen Befürchtungen im Raum, dass durch die Implementierung der EPZ soziale und ökologische Spannungen verstärkt würden. Vor Ort tätige Nichtregierungsorganisationen und Gewerkschafter wenden ein, die EPZ werde isoliert von den übrigen lokalen wirtschaftlichen Aktivitäten und Beziehungen bleiben oder diese einseitig dominieren. Vor diesem Hintergrund sollen die bereits vollzogenen Prozesse, die Funktion, die Haiti in der *neuen Arbeitsteilung* einnimmt, Stimmungsbilder und Aussichten dargestellt und unter Berücksichtung der Fragestellung diskutiert werden.

1.3 Aufbau der Studie

In Kapitel 2 wird ein theoretischer Bezugsrahmen für die Fragestellung geschaffen, um sodann aus der Synthese der beschriebenen Ansätze eine Operationalisierung der Fragestellung zu entwickeln und sich damit empirisch dem Forschungsgegenstand zu nähern. Es gibt bereits unterschiedliche empirische Studien zur Integration schwach entwickelter Volkswirtschaften des Südens in globale Warenketten und zur Rolle, die den EPZs dabei zukommt.[1] Diese Studien beinhalten u.a. Empfehlungen für die jeweils untersuchten Länder, unter welchen Bedingungen sich die exportorientierte Industrie positiv auf ihre soziale und wirtschaftliche Entwicklung auswirken kann und welche Eingriffe unterschiedlicher Akteure dazu förderlich wären. Diese Länderstudien dienen als Orientierungshilfe für die zu untersuchende Fragestellung. Dabei werden in der vorliegenden Studie vor allem die Rolle der Bekleidungsindustrie als Start-up-Industrie, also Einstieg in die Einbindung in globale Warenketten, und die auf zwischenstaatlicher

---

[1] Zu Mauritius: Kinunda-Rutashobya (2003); zu Vietnam: Waibel (2003); zur Dominikanischen Republik: Kapilinsky (1993); Willmore (1995); Mathews (2002); FLA (2007); zu Bangladesh: Feuchte (2007); zu Mexiko: Gereffi et al. (2002); Bair & Peters (2006)

und internationaler Ebene gesetzten Rahmenbedingungen – insbesondere die unterschiedlichen Handelsabkommen im Textil- und Bekleidungsbereich – betrachtet (Kapitel 3).

Anschließend werden die vorhandenen regionalen Disparitäten zwischen und innerhalb von Haiti und der Dominikanischen Republik und die Geschichte ihrer Entstehung dargestellt, die maßgeblich Aufschluss über die Bedingungen für die weitere wirtschaftliche Entwicklung und die Form der Einbindung in globale Warenketten geben (Kapitel 4). Der Fokus wird auf die politischen, wirtschaftlichen, sozialen und institutionellen Rahmenbedingungen auf unterschiedlicher Maßstabsebene gelegt, die den Untersuchungsraum und somit den möglichen Impact der EPZ auf den Sozialraum (Grenzraum Ouanaminthe/ Dajabon) beeinflussen.

Vor diesem Hintergrund werden schließlich die Einrichtung der EPZ im Untersuchungsraum beschrieben und die Bewertungen unterschiedlicher Akteure hinsichtlich der damit verbundenen Entwicklungspotenziale interpretiert (Kapitel 5). Dazu wurden Akteure mit unterschiedlichen Interessen (Gewerkschaften, Unternehmen, Nichtregierungsorganisationen) befragt. Ergänzend wurden Diskussionen in der haitianischen Presse, Internetauftritte beteiligter Akteure und statistisches Material – soweit vorhanden – ausgewertet. Vor dem Hintergrund des theoretischen Bezugsrahmens werden aus den Ergebnissen der empirischen Untersuchung Schlussfolgerungen bezüglich der zugrunde liegenden Fragestellung gezogen (Kapitel 6).

2. Der theoretische Bezugsrahmen

Es gibt keine umfassende Theorie aus der einschlägigen geographischen Literatur, die die zu untersuchende Fragestellung adäquat beantworten könnte. Daher wird die Synthese aus mehreren Theorien den Bezugsrahmen der Untersuchung schaffen. Dabei sollen die internationale Arbeitsteilung, ihre internationale Integration und innerhalb dieser die Rolle der EPZs im Kontext der Globalisierung näher beleuchtet werden. Zuerst werden grundlegende netzwerkperspektivische Theorien und Entwicklungs- und Wachstumstheorien, um schließlich auf dieser Grundlage die Debatte um den Impact von Exportproduktionszonen auf ihre soziale und wirtschaftliche Umwelt zu diskutieren.

2.1 Netzwerkperspektivische Theorien

In den vergangenen Jahren wurden zahlreiche Ansätze entwickelt, die sich mit Unternehmensketten oder -netzwerken beschäftigen. Oftmals gibt es keine klare Trennung zwischen den einzelnen Ansätzen, sie lassen sich jedoch bezüglich der Perspektive, die sie einnehmen, unterscheiden. Einige Ansätze nähern sich der Thematik aus betriebwirtschaftlicher, andere aus entwicklungsökonomischer Sicht (Henderson et al. 2002).

2.1.1 Global Commodity Chain Ansatz

Das Konzept der globalen Warenkette (*global commodity chain* = GCC) richtet das Augenmerk auf Produktions- und Handelsverflechtungen und unternehmerische Netzwerke in der globalen Ökonomie. Der Ansatz der globalen Warenkette versucht, die Neuorganisation arbeitsteiliger Produktionsprozesse zu erklären, die zentral koordiniert, aber weltweit verteilt sind. Der GCC-Ansatz dient als Instrument zur Analyse von weltweiten Wirtschaftsbeziehungen und der Integration von Ländern in unterschiedlichen Warenkettenteilen. Er diskutiert Machstrukturen zwischen den einzelnen Produktionsschritten sowie die daraus resultierenden räumlichen Formen von Dispersion und Konzentration (Kulke 2005: 8). Schließlich kann der GCC-Ansatz auf Regionen angewendet werden und der Frage nachgehen, welche Netzwerktypen Entwicklungschancen für die lokale Industrie in wenig entwickelten Ländern bieten.

Hopkins & Wallerstein (1986: 159) führten den Begriff der *global commodity chain* in die wissenschaftliche Analyse ein und definieren sie als

> „*a network of labour and production processes whose end result is a finished commodity. In building this chain we start with the final production operation and*

move sequentially backward [...] until one reaches primarily raw materials inputs."

Diese Definition der GCC reicht nicht aus, um die Machtbeziehungen innerhalb der Produktionsschritte zu analysieren. Sie beschäftigt sich vorwiegend mit dem Materialfluss, der eine Warenkette durchläuft. Die Definition und der Theoriegehalt wurden später von Gereffi et al. (1994: 2) ergänzt und weiterentwickelt. Sie beschreiben eine Warenkette als

> *„set of interorganizational networks clustered around one commodity or product, linking households, enterprises, and states to one another within the world-economy".*

Der Analyseschwerpunkt dieses GCC-Ansatzes unterstreicht somit die vorherrschenden Netzwerkbeziehungen zwischen Firmen, den Haushalten und dem Staat und geht über die bloße Beschreibung der Arbeits- und Produktionsprozesse innerhalb der Warenkette hinaus. So wurde der GCC-Ansatz um vier Dimensionen erweitert. Bei den Dimensionen unterscheidet Gereffi (1994: 98):

1. die materiellen Input-Output-Strukturen: Auf dieser Betrachtungsebene werden die tangiblen und intagiblen Ströme, die in den Wertschöpfungsprozess hineinfließen, untersucht und verknüpft.
2. die Raummuster: geographische Konzentration oder Dispersion, als räumlicher Ausdruck unternehmerischer Produktions- und Verteilungsnetze.
3. die Governance-Struktur, die über Machtbeziehungen und die Verteilung der finanziellen, materiellen und personellen Mittel innerhalb der Warenkette Aufschluss gibt, und
4. das institutionelle Gefüge, das den nationalen und internationalen Rahmen für die Verflechtung der Warenkettenteile vorgibt.

Der dritten Dimension „Governance-Struktur" wird in der Diskussion um Warenketten viel Bedeutung beigemessen (Fuchs 2003: 177ff.). Nach Bair & Gereffi (2000: 195) herrscht Übereinstimmung, dass grenzüberschreitende Netzwerke sowohl positive als auch negative Folgen für den Wirtschaftsprozess haben. Ungleiche Machtbeziehungen innerhalb der Warenkette können zu negativen Effekten wie neuen Abhängigkeiten, unausgeglichenem Informationsaustausch, Wettbewerbsnachteilen, aber im positiven Sinne auch zu Lerneffekten für das schwächere Glied führen. Oftmals stehen räumliche Cluster mit guter Vernetzung und damit einhergehenden Macht- und Wettbewerbsvorteilen innerhalb der Warenkette einzelnen fast isolierten Produktionssegmenten, meist im wertschöpfungsniedrigen Bereich der Warenkette, gegenüber (Dannenberg 2007: 43). Ungleich auftretende Machtverhältnisse zwischen den Akteuren und innerhalb der Warenketten werden daher als wichtige Größe zur Erklärung anhaltender Unterentwicklung und zunehmender räumlicher Disparitäten auf unterschiedlichen Maßstabsebenen herangezogen. Dieser Ansatz knüpft in der Dimension der Governance-Strukturen somit an dependenz- und weltsystemtheoretischen Überlegungen an (Stamm 2005: 20).

Steuerungsmodi innerhalb der Commodity Chains

Der Theorie-Ansatz GCC von Gereffi unterscheidet zwischen zwei Grundformen von Warenketten. Zum einen wird in der Literatur von *Producer-driven Commodity Chains* (deutsch: herstellergesteuerte oder produzentendominierte Warenketten), zum anderen von *Buyer-driven Commodity Chains* (deutsch: abnehmergesteuerte oder käuferdominierte Warenketten) gesprochen (Bair & Gereffi 2000: 195; Kulke 2004: 121; Schamp 2000: 96).

1. *Producer-driven Commodity Chains* werden meist von großen, transnational produzierenden Unternehmen gesteuert. Als Kernakteure spielen die Unternehmen eine zentrale Rolle bei der Koordinierung der Produktionsnetzwerke und beeinflussen sowohl ihre Zulieferer als auch Abnehmer. Dieses Muster der herstellergesteuerten Warenketten tritt vorwiegend in kapital- und technologieintensiven Industriezweigen wie der Automobilindustrie auf. Kennzeichnend für das Produktionssystem ist eine mehrgliederige Aufteilung in Mutter- und Tochtergesellschaft und Zulieferer. Wenige Anbieter stehen vielen Nachfragern gegenüber, Gewinnmaximierung innerhalb der Warenkette wird durch Produktionsvolumina und technologische Innovationen erreicht. Die Eintrittsbarrieren in herstellergesteuerte Warenketten sind daher hoch (Bair & Gereffi 2000: 195; Stamm 2005: 22).

2. *Buyer-driven Commodity Chains* gelten als neue Organisationsform der Produktion (Schamp 2000: 96). Käuferunternehmen (*buyers*, auch: Leitfirmen) wie Einzelhandelsketten, Großhändler und Markenhersteller spielen bei der Dezentralisierung von Produktionsnetzwerken eine entscheidende Rolle. Die Struktur der abnehmergesteuerten Warenketten findet man überwiegend in der standardisierten, arbeitsintensiven Konsumgüterproduktion wie Bekleidung, Schuhe und Spielzeug. Typisch bei dieser Art der Warenkette ist ein mehrstufiges Netzwerk von Zulieferern, meist in Entwicklungsländern, das das fertige Produkt an ausländische Käuferunternehmen liefert. Die Produktion der Güter findet vorwiegend in Firmen der Entwicklungsländer statt, während die *buyers*

aus den Industrieländern über den Marktzugang verfügen. Typisch für die ab-nehmergesteuerte Warenkette ist, dass eine Vielzahl von Produzenten auf eine begrenzte Zahl von Käuferunternehmen trifft. Diese können gegenüber den Herstellern ihre Produkt- und Preisvorstellungen durchsetzen und entscheiden letztendlich darüber, wie viel Gewinn auf jeder Stufe der Warenkette anfällt. Forschungs-, Finanzierungs- und Marketingstrategien werden kombiniert und arbeitsintensive Produktionsschritte meist in Entwicklungsländer ausgelagert, um die Profitrate zu maximieren. Bair & Gereffi (2000: 198) sprechen in diesem Zusammenhang von „Herstellern ohne Herstellungsstätten". Abnehmergesteu-erte Ketten sind gekennzeichnet durch ein global dezentralisiertes und wettbe-werbsintensives System von Fabriken. Aufgrund der Auslagerung der arbeitsin-tensiven und wissensarmen Produktionsschritte in Entwicklungsländer und der hohen Zahl von verfügbaren, ungelernten und billigen Arbeitskräften sind die Eintrittsbarrieren in die Produktion gering (Gereffi 1994: 97; Kulke 2004: 121; Halder 2004: 19).

Kritikpunkte am GCC-Ansatz und die theoretische Weiterführung

Henderson et al. (2002) kritisieren an dem GCC-Ansatz analytische Probleme. Sie führen an, dass viele Arbeiten nach der GCC-Tradition das Hauptinteresse auf die Beschreibung der derzeit vorherrschenden Machtstrukturen und der aktuellen Input-Output-Relationen innerhalb von Warenketten zu legen scheinen. Der GCC-Ansatz erkläre jedoch nur unzureichend die Faktorausstattung und die daraus resultierenden Entwicklungspotentiale eines Sozialraums, die dessen Position innerhalb der Waren-kette beeinflussen. Zwar berücksichtige Gereffi (1994; 2002) in seiner Definition von Warenketten die meisten Elemente, die für die Entwicklung von Netzwerken zwischen Unternehmen relevant sind, doch fehlen nach Henderson et al. weitere Einflussgrößen wie Akteure, die als Handelnde in der Herausbildung internationaler Warenketten agieren. Die innerhalb des GCC-Ansatzes stark gestützte Unternehmensperspektive sollte demnach um die Analyse von weiteren Akteuren und institutionellen Rahmenbe-dingungen des Sozialraums ergänzt werden. Denn Regierungen, Gewerkschaften, Nichtregierungsorganisationen, Firmen und andere Akteure haben aufgrund ihrer unterschiedlichen wirtschaftlichen, politischen und sozialen Interessen und Prioritäten maßgeblich Auswirkungen auf das Verhalten der innerhalb der Ketten Handelnden. Die strukturellen Bedingungen, innerhalb derer Unternehmen operieren, sind nicht festege-legt. Unternehmen haben unter der Berücksichtigung des jeweiligen Kontextes und in einer Wechselwirkung mit diesem die Möglichkeit, eigene Strategien innerhalb der Firma und zwischen den Firmen zu entwickeln.

Wichtig nach Henderson et al. (2002) wäre deshalb, die Entwicklungsgeschichte von Warenketten genauer zu untersuchen, um Aussagen über deren Beschaffenheit und Auswirkungen zu treffen. Historisch bedingte und gewachsene Strukturen innerhalb von Ländern, die Anteile an Warenketten haben, beeinflussen den Grad der Einbindung in die Warenketten und das Erreichen nachhaltiger Entwicklungschancen. Nach Henderson et al. (2002: 451f.) müssen soziale und institutionelle Einbindungen (*embeddeness*) in die unternehmerischen Netzwerke als ein potentieller Einflussfaktor für den Aufstieg und die Stabilität der Standorte berücksichtigt werden.

Eine weitere von Henderson et al. (2002: 450) formulierte Anregung bezieht sich auf die Bedeutung der nationalen Herkunft von Unternehmen. Die Nationalität der in einem gegebenen Land operierenden Unternehmen kann ein Schlüsselfaktor für ökonomischen und sozialen Fortschritt sein. Befinden sich im Land einige lokale Firmen, die für die Zulieferung von Rohmaterialien oder Halbfertigprodukte zuständig sind und den Input in ein weiteres Warenkettensegment liefern, lässt dies Rückschlüsse über mögliche lokale Netzwerke und deren Stabilität und Aufstieg in der Einbindung von Warenketten zu (*backward linkages*).

2.1.2 Global Production Network Ansatz

Aus dieser Auseinandersetzung mit dem GCC-Ansatz entwickeln Henderson et al. (2002) den Ansatz des *Global Production Network* (GPN), in dem nicht der Begriff der Warenkette im Mittelpunkt steht, sondern das Produktionsnetzwerk. Der Ansatz richtet den Blick auf die globale, regionale und lokale Wirtschaft in ihren Verschränkungen mit sozialen Prozessen und Beziehungen an den Standorten. In Abgrenzung zu einem Verständnis der Warenketten als lineare Prozesse beschreiben Henderson et al. (2002: 444 f.) komplexe Netzwerkstrukturen unter Berücksichtigung der von außen in das Netzwerk einfließenden Inputs wie Materialflüsse, Zulieferung von Halbfertigprodukten, Design, Marketing. Diese Bewegungen verlaufen oftmals zirkulär und sind nicht einseitig miteinander verbunden. Damit messen Henderson et al. (2002: 442) den Wechselbeziehungen zwischen den Kettensegmenten und dem Raum, in den sie eingebettet sind, größere Bedeutung bei. Des Weiteren soll der GPN-Ansatz aufzeigen, wie der Transfer von Wissen als entscheidende strategische Ressource für den Aufstieg innerhalb von Warenketten zwischen Unternehmern, Konsumenten und Mittelsleuten zirkuliert.

Folgende Faktoren finden in die Analyse von globalen Produktionsnetzwerken Eingang:

- Unternehmen, Regierungen und andere ökonomische Akteure mit unterschiedlichen Interessen üben bedeutenden Einfluss auf die Wirtschaft, den Grad der Einbindung einer Region in Warenketten und die Entstehung von Netzwerken aus.
- Den Input-Output-Strukturen in zirkulär verstandenen Netzwerken wird bei dem GPN-Ansatz größere Bedeutung beigemessen: Sie entscheiden über Standorte, an denen Wert und Beschäftigung generiert werden. Somit ist der Raum, in dem die Wechselbeziehungen zwischen den Kettensegmenten eingebettet ist, von besonderem Interesse. Das Interesse richtet sich auf die Territorialität von Produktionsnetzwerken, das heißt auf die Charakteristika der sozialen, wirtschaftlichen und politischen Gegebenheiten vor Ort, um aus dieser umfassenden Betrachtung Rückschlüsse über mögliche Entwicklungsperspektiven der Region abzuleiten.
- Unter Berücksichtung der vorangegangenen Punkte werden solche Faktoren innerhalb des Netzwerkes, die eine technologische Weiterentwicklung und damit einen ökonomischen Aufstieg befördern oder behindern, analysiert.
- Neben dem Prozessualen (Bedingungen der Entstehung einer Warenkette), den Rahmenbedingungen der Wertschöpfung und der *embeddedness* wird darüber hinaus, ähnlich wie bei dem GCC-Ansatz, die Verteilung von Machtstrukturen innerhalb der Netzwerke untersucht. Dabei stehen unterschiedliche Formen von Macht im Fokus der Analyse.

    1. *Corporate Power*: Diese Form von Macht entspricht der Governance-Struktur bei Gereffi. Vor allem werden hier die Machtstrukturen zwischen den Unternehmern untersucht. Trotz des dominierenden Einflusses der Leitfirmen (*buyers*) auf die Produktionsnetzwerke und Warenketten, der zu einer asymmetrischen Machtverteilung führt, können auch nachgeordnete Firmen eine gewisse Selbständigkeit besitzen und eigene Strategien zur Verbesserung ihrer Position innerhalb des Netzwerkes entwickeln.
    2. *Institutionelle Macht*: Diese Form von Macht wird von staatlichen, suprastaatlichen und globalen Institutionen ausgeübt und nimmt auf Netzwerkbeziehungen Einfluss. Dazu zählen politische Entscheidungen im Land ebenso wie bilaterale oder multilaterale Abkommen.
    3. *Kollektive Macht* bezieht sich auf die Möglichkeit, dass lokale Akteure wie NGOs oder Gewerkschaften GPN mitgestalten oder beeinflussen. Kollektive Macht kann sich aber auch auf Internationale Organisationen wie IMF

und WTO beziehen, die mit ihren politischen Strategien sowohl die lokalen Unternehmen als auch den politischen Kontext direkt oder indirekt beeinflussen.

Somit greifen Henderson et al. (2002: 448f.) die Verortung von industriellen Unternehmen und die Bedingungen, unter denen sie agieren, auch auf Mikroebene auf. Gereffi (1994) hingegen beschreibt die Raummuster von Konzentration und Dispersion als Ausdruck unternehmerischer Produktionsnetze vor allem auf Makroebene, die sich aufgrund neuer Arbeitsverteilungen innerhalb der Warenketten ergeben. Das heißt: Globale Produktionsnetzwerke verbinden Unternehmen nicht nur funktional und territorial, sondern sie verbinden auch Aspekte der sozialen und räumlichen Anordnungen, in welchen Unternehmen agieren, und Einflüsse auf ihre strategische Weiterentwicklung ausüben.

Zum Beispiel können Leitfirmen Nutzen aus einem Cluster von kleinen und mittleren Unternehmen ziehen, die entscheidende soziale Netzwerke und lokale Absatzmärkte haben. Genauso können Leitfirmen neue regionale ökonomische und soziale Netzwerke generieren, und bestehende Firmen miteinbeziehen. So könnte die Einbindung einer Region in globale Produktionsnetzwerke ein Schlüsselelement zur regionalen ökonomischen Entwicklung werden. Die Dauer und die Nachhaltigkeit der industriellen Entwicklung und die Ausbreitung positiver Ausstrahlungseffekte auf das Land hängen von den stattfindenden Prozessen und Dynamiken in der betreffenden Region ab: Entscheidend sind dabei u. a. wirtschaftspolitische Aktivitäten des Staates, historisch gewachsene Strukturen und Abhängigkeiten, Handelsabkommen, institutionelle Rahmenbedingungen.

2.1.3 Ansatz der Industriedistrikte

Der Ansatz der Industriedistrikte geht auf Arbeiten von Marshall (1927) zurück, der, auf der Grundlage von Beobachtungen der Baumwollwarenherstellung in Lancashire und der Messwarenindustrie in Solingen, auf die Bedeutung regionaler Produktionsnetzwerke innerhalb eines Branchensektors hinweist. Unter Industriedistrikten werden räumliche Agglomerationen von Produzenten mit nationaler und internationaler Bedeutung für spezielle Produkte verstanden. Die Produzenten, bestehend aus kleineren und mittleren Unternehmen (KMU), sind eng miteinander verflochten und weisen eine hohe horizontale und vertikale Arbeitsteilung auf (Kulke 2004: 113). Die Fertigungstiefe entsteht somit nicht notwendigerweise in den einzelnen Unternehmen, sondern aus der Kooperation der Unternehmen untereinander. Eine weitere den industriellen Distrikten zugesprochene Eigenschaft ist, dass nur einige Unternehmen Zugang zu den Weltmärkten haben und dadurch ihr erworbenes Wissen um neue Produkte, Strategien und neue Design-Erfordernisse des Marktes in den Industriedistrikt und an ihre Zulieferer weitergeben. Der Industriedistrikt wird somit als lernende Einheit mit hoher Innovationsfähigkeit und als eigenständiges Netzwerk verstanden. Er kann sich zu einem eigenständigen sozioökonomischen System entwickeln.

Innerhalb dieses Systems agieren die beteiligten Unternehmen unter ähnlichen Werten, Grundhaltungen und Erwartungen (Schamp 2000: 75). Dabei wird dem gegenseitigen Vertrauen eine bedeutende Rolle für Erfolg und Wettbewerbsfähigkeit des Industriedistriktes beigemessen. Diese räumliche Ballung, die in ihr soziokulturelles Umfeld eingebettet ist und sich durch eine permanente Interaktion auszeichnet, wird nach Marshall (1927) als „industrielle Atmosphäre" bezeichnet.

Dieser Ansatz wurde in den 70er und 80er Jahren wieder verstärkt diskutiert, als industrielle Massenproduktionen ins Ausland verlagert wurden und viele Branchen durch den zunehmenden internationalen Wettbewerb unter Kostendruck gerieten. Industrielle Distrikte galten in diesem Sinne als eine mögliche Antwort auf die Herausforderungen eines veränderten Produktionsprozesses, der durch die Flexibilisierung der Arbeitsorganisation, neue Aufgaben- und Funktionsverteilung und Produktionskonzepte (*lean production* und *just in time production*) gekennzeichnet ist (Maier et al 2006: 136).

In der wirtschaftsgeographischen Literatur wird als erfolgreiches Beispiel für die Entwicklung von Industriedistrikten auf das *Dritte Italien* verwiesen, das sich vor dem Hintergrund der *neuen Arbeitsteilung* des Wandels des Produktionsprozesses von *Fordismus* zum *Postfordismus* aufgrund seiner engen Zulieferverflechtungen von kleinen und mittleren Unternehmern und aufgrund der langen Tradition seiner Textilindustrie gegen die Niedriglohnkonkurrenz aus dem Ausland in Italien behaupten konnte.

Eine kritische Auseinandersetzung zu der Frage der Übertragbarkeit dieses Ansatzes auf andere Regionen führt H. Bathelt (1998). Zwar lässt sich der Modellcharakter des *Dritten Italiens* als eine neue Form der Regionalentwicklung und der Nachhaltigkeit auch in weiteren Regionen wie Silicon Valley (High-Tech-Cluster) bestätigen, dennoch bleibt es fraglich, ob sich genügend Marktnischen für die Spezialisierung der Produkte finden lassen.

2.2 Entwicklungs- und Wachstumstheorien

In der theoretischen Auseinandersetzung darüber, ob bzw. unter welchen Bedingungen regionale Disparitäten in der wirtschaftlichen Entwicklung eher ihrer weiteren Zuspitzung oder ihrem Ausgleich zustreben, stehen sich Gleichgewichts- und Polarisationstheorien gegenüber.

2.2.1 Ausgleich oder Polarisierung regionaler Disparitäten

Neoklassische Modelle gehen von einer Ausgleichsbewegung durch Marktmechanismen aus (Ricardo 1817/2006; Ohlin 1933). Export-Basis-Theorien nehmen an, dass für das wirtschaftliche Wachstum in einer Region die Expansion ihrer Exportmärkte ausschlaggebend ist, während die Endogene Entwicklungstheorie die endogenen Potentiale und ihre Inwertsetzung als ausschlaggebend für eine erfolgreiche Entwicklung ansieht. Im Gegensatz zu den vorgenannten Theorien geht die Polarisationstheorie von der Verstärkung räumlicher Ungleichgewichte durch einen zirkulär-kumulativen Entwicklungsprozess aus (Schätzl 2003: 158ff.). Polarisationstheoretische Erklärungen basieren „auf der Annahme der Existenz regionaler und sektoraler Entwicklungspfade" (Bathelt & Glückler 2003: 69). Dahinter verbirgt sich die Überlegung, dass Strukturen, Entscheidungen und Erfahrungen aus der Vergangenheit in die Gegenwart und Zukunft hineinwirken können. Die heutigen Möglichkeiten und Entscheidungen hängen somit von historisch gewachsenen Bedingungen und Strukturen ab, die das gegenwärtige Handeln beeinflussen.

Die Neue Endogene Wachstumstheorie stellt eine Synthese aus Polarisations- und neoklassischen Theorien dar. In ihr werden Szenarien sowohl einer divergierenden Entwicklung, als auch der Angleichung regionaler Disparitäten entworfen. Technischer Fortschritt durch das Wachstum von Humankapital ist demnach der entscheidende Faktor für die wirtschaftliche Entwicklung einer Region und entsteht innerhalb der Wirtschaftsprozesse in der Region selbst bzw. kann zusätzlich von externen Impulsen, etwa im Rahmen von Investitionstätigkeiten, befördert werden (Maier et al. 2006: 95). Dadurch können die Unternehmen in der betreffenden Region einen Wettbewerbsvorteil gegenüber den Konkurrenten erzielen und ihre Produktion erhöhen. Dieser Wettbewerbsvorteil kann sich positiv in Form von innovativem Wissen auf andere Unternehmen auswirken, indem sie diese Innovationen nachahmen. Ausstrahlungseffekte entstehen (auch: *spillover effects*). Jedoch hängt nach der Neuen Endogenen Wachstumstheorie die wirtschaftliche Entwicklung einer Region oder eines Landes davon ab, wie teuer diese Innovationen sind und wie schnell diese von den Wirtschaftsakteuren übernommen werden können.

2.2.2 Fragmentierende Entwicklung

Die fragmentierende Entwicklung wird nach Scholz (2002; 2004) durch Wettbewerb in Gang gesetzt und bestimmt. Die Bedeutung des Nationalstaates als Handlungsträger im Sinne eines Container-Staates nimmt immer mehr durch Globalisierungsprozesse ab. Der Nationalstaat gibt nach Scholz (2002) Kompetenzen an territoriale und funktionale Fragmente ab, die als hierarchische Handlungs-Cluster den Forderungen des Wettbewerbs unterliegen. Er unterteilt diese Handlungscluster in drei Ebenen. Zum einen die *globalen Orte* als Schaltstellen des globalen Wettbewerbs, an denen die Geschäftsführenden transnational agierender Konzerne und Finanzinstitutionen (*Global Players*) als Kommandozentralen in High-Tech-Produktions- und Forschungsbereichen fungieren. Des Weiteren werden Industriezonen für qualitativ hochwertige Güter und innovative Milieus als globale Orte bezeichnet (vgl. auch Sassen 1997: 39ff.). Hierarchisch und funktional sind den globalen Schaltstellen auf der nächsten Ebene *globalisierte Orte* untergeordnet. Dazu zählen unter anderem Standorte von Auslagerungsindustrien und der Billiglohn- und Massenkonsumgüterproduktion. Davon abgegrenzt findet sich auf unterster Hierarchiestufe die ausgegrenzte „Restwelt", auch als *New Periphery* (Scholz 2002: 8) bezeichnet.

> *„Dabei handelt es sich um die entgrenzten, um Standortqualität streitenden, um Territorialität, Machtkompetenz und Legitimität ringenden nominellen Nationalstaaten." (Scholz 2002: 8)*

Bei den angesprochenen räumlich-funktionalen Fragmenten handelt sich dabei nicht um dauerhaft angelegte raumstrukturelle Cluster und Netzwerke, sondern sie sind ständiger Verdrängung und Konkurrenz ausgesetzt. Globale Orte wie auch globalisierte Orte müssen um ihre Stellung innerhalb der Hierarchiestruktur kämpfen. Sie können auf- oder absteigen. Abstieg und Aufstieg von globalisierten Orten sind durch das Verhältnis zu den *Global Players* und von der Wettbewerbssituation bestimmt. Die Fragmentierungen können auf unterschiedlichen geographischen Maßstabsebenen räumlich nebeneinander existieren.

2.3 Exportproduktionszonen in der wissenschaftlichen Diskussion

Exportproduktionszonen werden nach Scholz (2002) als globalisierte Orte begriffen, die zwar einseitig in den Globalisierungsprozess eingebunden sind, aber jederzeit durch die vorherrschende Konkurrenzsituation an Bedeutung verlieren können. In der Diskussion um Standorte, wirtschaftlichen Erfolg und Impact von Exportproduktionszonen (EPZs) werden in der Fachliteratur seit 30 Jahren unterschiedliche Theorieansätze und empirische Studien herangezogen, um aufzuzeigen, warum Exportproduktionszonen an bestimmten Standorten implementiert werden, welche möglichen Auswirkungen sie auf ihr soziales Umfeld haben und unter welchen Bedingungen EPZs zu Katalysatoren der Wirtschaft oder möglicherweise zu Enklaven innerhalb der umgebenden Gesellschaft werden (Kinunda-Rutashobya 2003: 228).

2.3.1 Definition der Exportproduktionszonen

In der Diskussion um Exportproduktionszonen werden unterschiedliche Begrifflichkeiten wie Industrieparks, Freihandelszonen, Sonderwirtschaftszonen und Maquiladoras in der Literatur meist gleichbedeutend verwendet. Seinen geschichtlichen Ursprung hat der Begriff der Exportproduktionszone in den mit Freihandelsprivilegien ausgestatteten, umgrenzten Räumen in den europäischen Häfen zur Zeit der Industrialisierung, die umfangreiche Lagermöglichkeiten ohne Zusatzkosten boten (Mathelier et al. 2004: 99).

Die Weltbank beschreibt Exportproduktionszonen als abgegrenzte Bereiche von einer Größe von 10 bis 300 Hektar innerhalb eines Staates, die sich auf die Weiterarbeitung von Gütern für den Export spezialisiert haben. Die Exportproduktionszonen unterliegen einer anderen Gesetzgebung als der Rest des Landes, in dem sie sich befinden. Sie bieten Unternehmen Freihandels- und liberale Rahmenbedingungen und besondere arbeitsrechtliche Bestimmungen an (World Bank 1992: 7).

Madani (1999: 5) fasst wesentliche Merkmale von Exportproduktionszonen zusammen: Insbesondere profitieren EPZs von Ausnahmeregelungen, die ihnen von Seiten des Staates, in dem sie sich ansiedeln, gewährt werden, wie z. B. die unbeschränkte zollfreie Einfuhr von Rohmaterialien, teilgefertigten Produkten und Kapitalgütern für die Exportproduktion, geringere bürokratische Hürden, besondere arbeitsrechtliche Standards sowie Steuerbefreiungen. Außerdem wird ihnen eine vergleichsweise moderne Infrastruktur (Zufahrtsstraßen, Telekommunikation, Strom, Wasserversorgung) zur Verfügung gestellt. EPZs lassen sich unterscheiden:

- nach den Eigentumsverhältnissen (private oder öffentliche Betreiber, inländische oder ausländische, Mischformen/joint ventures) (Mathelier 2004: 102);
- nach ihrer Möglichkeit, ihre Produkte auf den heimischen Märkten zu verkaufen (Madani 1999: 16), die nur in einigen Fällen und nur eingeschränkt gegeben ist;
- hinsichtlich der Qualität der hergestellten Güter („low-end" oder „high-end" Zonen, Zonen erster, zweiter oder dritter Generation). Diese Unterscheidung richtet sich nach der Fertigungstiefe, dem Qualifikationsniveau der Beschäftigten und den zusätzlich angebotenen wertschaffenden Dienstleistungen vor Ort (Berndt 2004: 31).

2.3.2 Zielsetzung von Exportproduktionszonen

Die vier von der Weltbank formulierten Hauptziele von Exportproduktionszonen für die neuen weltmarktintegrierten Länder sind die Schaffung von Arbeitsplätzen und somit Generierung von Einkommen (1), das Anlocken von ausländischen Direktinvestitionen (2), Erzeugung von Wissens- und Technologietransfer (3) sowie Sicherung von Rückkopplungseffekten mit der heimischen Industrie oder Märkten und die Verbesserung des Deviseneinkommens über die Förderung neuer exportorientierten Industriezweigen (4) (Madani 1999: 5; Kraus 2002: 3). Vor allem kommt den Rückkopplungseffekten mit der heimischen Wirtschaft und den Ausstrahlungseffekten eine bedeutsame Rolle zu. Nur wenn diese Ziele erreicht werden, schafft es eine EPZ, ihren Enklavencharakter zu überwinden und einen Antrieb für den wirtschaftlichen Aufschwung ihrer Umgebung auszulösen (Johansson & Nilsson 1997: 2115). In der Hoffnung, neue Arbeitsplätze zu generieren und Anreize für die eigene wirtschaftliche Entwicklung zu empfangen, sind die Gastländer bereit, kostengünstig Infrastruktur bereitzustellen und großzügige Anreize zu gewähren, darunter: die Bereitstellung von billiger Arbeitskraft (z. B. durch niedrige gesetzliche Mindestlöhne) sowie die Möglichkeit, Kapital und Gewinne zu repatriieren (Mathelier 2004: 100).

2.3.3 Diskussion: Wohlfahrtsgewinne durch Exportproduktionszonen?

An der proklamierten Zielsetzung, durch Rückkopplungs- und Ausstrahlungseffekte Wohlfahrtsgewinne zu erzielen, setzt die wissenschaftliche Diskussion an. Hamada (1974) untersuchte als erster die Wohlfahrtseffekte von EPZs unter Zuhilfenahme des Heckscher-Ohlin-Modells (Ohlin 1933). Das Heckscher-Ohlin-Modell erklärt komparative Vorteile durch die in den Ländern gegebene divergierende Faktorausstattung und untersucht in deren Abhängigkeit die Außenhandelsstruktur. Die verschiedenen Faktorausstattungen führen zu unterschiedlichen Faktorpreisen und zu international unterschiedlichen Güterpreisen, die zu einer Initiierung des Außenhandels führen. Die Heckscher-Ohlin-These lautet, dass ein Land das Gut exportiert, das in seiner Herstellung seinen relativ billigeren, d.h. reichlicheren Faktor intensiv nutzt, und die Ware importiert, in deren Herstellung der knappe Faktor intensiv genutzt wird.

Dabei werden immobile Produktionsfaktoren und die Abwesenheit von Handelshemmnissen und Transportkosten unterstellt. So nutzen Regionen, die sich auf arbeitsintensive Produktion spezialisiert haben den Faktor Arbeit immer intensiver. Durch die Immobilität des Faktors Arbeit ist es nicht möglich, den Arbeitskräfteeinsatz durch Anwerbung von Arbeitskräften aus anderen Regionen zu steigern. „Durch diesen erhöhten Bedarf [an Arbeit] wird der Produktionsfaktor Arbeit [...] in Relation zu Kapital teurer." (Bathelt & Glückler 2003: 68) Dasselbe gilt umgekehrt für den Faktor Kapital. Das heißt, die Faktorpreise bewegen sich aufeinander zu. Wie alle neoklassischen Modelle gehen auch Heckscher & Ohlin also davon aus, dass räumliche Disparitäten tendenziell abgebaut werden.

Angenommen, ein Land hat seinen komparativen Vorteil in der Faktorausstattung Arbeit und schützt den kapitalintensiven Bereich, reduzieren die EPZs die Wohlfahrtseffekte auf das Land. Ausländisches Kapital (ADI) fließt in EPZs, was eine Subventionierung des Faktors Kapital mit sich bringt, wodurch Arbeitskräfte aus der inländischen Wirtschaft angezogen werden. Das heißt, die Produktion von kapitalintensiven Gütern steigt an, während die arbeitsintensive Produktion heimischer Güter sinkt. Nach der neoklassischen Herangehensweise würde das bedeuten, dass die Implementierung dieser EPZs einen negativen Wohlfahrtseffekt auf das Land zur Folge hätte, weil die Produktion in diesem geschützten Sektor nicht dem komparativen Vorteil dieses Landes, hier des Faktors Arbeit, entspricht.

> "The neo-classical analysis suggests that EPZs have a negative welfare effect on the country: the creation of zones will increase inefficiency by distorting production away from its comparative advantage." (Hamada 1974: 226)

Warr (1989) hinterfragt den neoklassischen Ansatz und seine Annahmen und Schlussfolgerungen.

> "This literature has drawn upon the classical Hecksher-Ohlin model of production. Insofar as the model treats capital as being internationally immobile, it fails to capture the international mobility of capital goods - which is central to the functioning of EPZs. The main conclusion of most of this literature – that EPZs necessarily reduce the welfare of the countries – is thus largely irrelevant for EPZs as they actually operate" (Warr 1989: 66).

Warr (1989) entwickelte den Kosten-Nutzen-Ansatz, der einige Zeit zur Untersuchung der Effizienz von EPZs herangezogen wurde. Nach diesem Ansatz sollten alle Kosten und Nutzen, die von einer EPZ ausgehen, ermittelt und gegenüber gestellt werden. Dieser Ansatz errechnet die unterschiedlichen Kapitalströme und Kosten, die in die EPZ fließen oder die von ihr ausgehen. Ergibt sich dabei kein messbarer Nutzen für die Gesellschaft und den Staat, spricht Warr von einer EPZ als Enklave.

Frühere Arbeiten nach diesem Ansatz gelangten eher zu einer positiven Einschätzung der Wohlfahrtseffekte von EPZs, während in späteren Arbeiten die Skepsis überwog. Viele Studien belegen, dass öffentliche Ausgaben zur Errichtung der EPZ-

Infrastrukturen gegenüber den durch die EPZ die Arbeiter und die Gesellschaft geschaffenen Gewinnen überwogen (Madani 1999: 21). Der Ansatz konnte sich in seiner Umsetzung jedoch nicht etablieren, weil oftmals notwenige Daten zu einer Kosten-Nutzen-Analyse fehlten.

Sowohl Hamada (1974) als auch Warr unterschätzten die Dimension der Verflechtungen von EPZs mit ihrer Umgebung. Neuere Ansätze haben sich genau darauf konzentriert. Johanson & Nilsson (1997) wendeten die Neue Endogene Wachstumstheorie auf die Untersuchung von EPZs an und entwickelten daraus eine eigene Theorie, die die Schwächen der voran gegangenen Ansätze berücksichtigt und die Potentiale für eine Region bei der Implementierung einer EPZ herausstellt. Johanson & Nilsson (1997) untersuchten die durch die Ausländische Direktinvestitionen (ADI) bedingten Ausstrahlungseffekte auf die lokale Wirtschaft und erkannten darin eine Chance für die Entwicklung der Gastgesellschaften. Insbesondere hoben sie folgende positive Aspekte hervor:

1. *Wissenstransfer:* Oftmals verfügen lokale Unternehmen nicht über die Kapazität, technisches und höherwertiges Wissen (Design und Marketing) aus internen und externen Quellen zu bündeln. Diese Verflechtungen könnten durch die ADI innerhalb dieser EPZ entstehen.
2. *Marktzugang:* Lokale Unternehmen haben selten direkten Zugang zu internationalen Märkten und Verteilungskanälen. Durch die Verbindung etablierter internationaler Unternehmen mit lokalen Exporteuren oder Unternehmen könnte der Zugang zu diesen Märkten gewährleistet und die heimische Wirtschaft angekurbelt werden.

2.3.4 Linkages und spillover effects in der Diskussion um Exportproduktionszonen

Altenburg (2000: 1ff.) definiert unterschiedliche Arten von Verflechtungen (*linkages*), die durch Direktinvestitionen in Gang gesetzt werden können. Dabei kommt den Rückkopplungseffekten von den Transnationalen Unternehmen (TNU) zur heimischen Industrie, vor allem mit kleinen und mittleren Unternehmen (KMU), eine entscheidende Rolle zu. Die Begriffe „*linkage*" und „*spillover*" müssen also näher erläutert werden.

- **Backward linkages with suppliers (Rückwärtsverflechtung mit Zulieferern):** TNU könnten einige Komponenten, Materialien und Dienstleistungen direkt aus der heimischen Wirtschaft beziehen. Vor allem Unternehmen mit Massenanfertigungen könnten mit der Flexibilität und schnelleren Spezialisierung von kleineren Unternehmen kombiniert werden und ihre Wettbewerbsfähigkeit steigern. Diesen KMU wird somit ein neuer Markt eröffnet und dadurch wäre es möglich, dass sie ihr eigenes Profil modernisieren und entwickeln. So kann eine langfristige Beziehung mit dem TNU und den KMU entstehen, während im Gegenzug die KMU von ihrem überlieferten Wissen und Strategien profitieren können

- **Forward linkages with costumers (Vorwärtsverflechtungen mit Abnehmern):** TNU entwickeln zwei unterschiedliche Verflechtungen mit dem Abnehmer. Die wichtigste Verflechtung stellt sich über die Vermarktung her. Manchmal wird der Vertrieb von Markenprodukten an KMU ausgelagert, die wiederum von Schulungen seitens der TNU profitieren. Eine zweite mögliche Verflechtung wäre die mit den Kunden eines KMU, die im Anschluss des Kaufs zum Beispiel einer Maschine oder eines Produktes auf eine sachkundige Einführung angewiesen sind, damit sie mit dem neu angelernten Wissen diese bedienen können und als zukünftige Käufer eines ähnlichen Produktes wieder in Frage kommen.

- **Linkages with competitors (Verflechtungen mit Konkurrenten):** Als TNU nehmen sie üblicherweise in dem Land eine starke Marktposition gegenüber den lokalen kleinen und mittleren Unternehmen ein. Ausländische Direktinvestoren setzen neue Standards und neue Rahmenbedingungen, die neue Innovationen ankurbeln.

- **Linkages with technology partners (Verflechtungen mit Technologiepartnern):** TNU initiieren Projekte mit lokalen Firmen, wie *Joint-Ventures* und strategische Allianzen, oder vergeben Lizenzen. Diese Form von *technology partnering* mit Unternehmen in Entwicklungsländern wird zunehmend üblich.

- **Other spillover effects (andere Rückkopplungs- und Ausstrahlungseffekte)** können Demonstrationseffekte und Humankapitalgenerierung beinhalten. Demonstrationseffekte erscheinen, wenn neue, meist effizientere Firmenstrategien der TNU, die als Vorzeigeprojekte neuer Innovationen gelten, von lokalen KMU kopiert werden. Auf der Ebene von Humankapital können *spillover effects* erscheinen, wenn TNU ihr Personal über ihre Bedürfnisse hinweg schulen oder das erfahrene Personal zu lokalen Firmen überwechselt und das gesammelte Wissen anwendet.

2.3.5 Voraussetzungen für die Entstehung von Rückkopplungs- und Ausstrahlungseffekten

Diese unterschiedlichen *linkages* und *spillover effects* müssen sich nicht zwangsläufig bei der Implementierung einer EPZ einstellen. Der Erfolg von EPZs hängt von den vorgefundenen Rahmenbedingungen ab. In der Empirie kommen Wissenschaftler, die in ihren Studien Effekte der EPZs wie Einkommensgenerierung, Technologietransfer und Exportwachstum betrachten, zu unterschiedlichen Resultaten (Kapilinsky 1993).

So zitiert Kraus (2002: 5) einen UN-Bericht aus dem Jahre 1991, der die Entwicklung von EPZs in 15 Ländern während der zurückliegenden 20 Jahre untersuchte und zu dem Schluss kam, dass sich diese nur in wenigen Fällen wunschgemäß entwickelt hätten. Dies wurde auf die mangelhaft qualifizierte Verwaltung seitens der Regierungen sowie auf infrastrukturelle Defizite zurückgeführt. Insgesamt sei kein hinreichend attraktiver Rahmen für ADI geschaffen worden.

Auch wenn EPZs erfolgreich für den Export produzieren und Devisen in das Land bringen, erreicht die Produktion oftmals nur innerhalb der Zone eine gewisse Fertigungstiefe, die wiederum auf die lokale Umgebung gerichtete *linkages* überflüssig macht. Zusätzlich werden *linkages* durch Restriktionen und Handelsabkommen behindert, wenn etwa die Herkunft von Ausgangsmaterialien vorgeschrieben wird. Weitere Kritikpunkte in Bezug auf EPZs sind, dass sie empirischen Forschungen zufolge nur selten die von der Weltbank proklamierten Ziele wie Wissenstransfer und Bildung von Humankapital erreichen (Kapilinsky 1993: 1861ff.). Diese Entwicklungsimpulse und Ausstrahlungseffekte hängen aber maßgeblich vom Unternehmens- und vorherrschenden Industrietyp ab (Altenburg 2001: 15).

2.3.6 Kontroverse Diskussion

Der Nutzen und der Erfolg von EPZs werden kontrovers diskutiert. Befürworter unterstreichen vor allem die Generierung von Deviseneinnahmen sowie Beschäftigungs- und Einkommenseffekte für die Niedriglohnländer, in denen meist nur wenige formelle Arbeitsstellen zur Verfügung stehen. Die Kritiker hingegen verweisen auf die prekären und geringbezahlten Arbeitsstellen mit geringen Sozialstandards in den EPZs, die einer nachhaltigen Verbesserung der sozialen Situation der Betroffenen entgegenstehen. Zusätzlich werden durch steuerliche Begünstigungen Einnahmeverluste des Staates in Kauf genommen und damit staatliche Investitionsmöglichkeiten eingeschränkt. Des Weiteren wird darauf verwiesen, dass EPZs oftmals keine lokalen Netzwerkstrukturen bilden oder Technologie- und Wissenstransfer erzielen. Das heißt, die formulierten Ziele der Weltbank erfüllen sich nur in wenigen Fällen.

In Tab. 1 werden wichtige Intentionen und Hoffnungen, die mit der Errichtung von Exportproduktionszonen verbunden sind, den möglichen negativen Effekten und Risiken gegenübergestellt:

Tab. 1: Vor- und Nachteile von Exportproduktionszonen

Vorteile/Intention	Nachteile/Risiken
Arbeitsplätze	Fehlende Integration der EPZ in die nationale Wirtschaft (Ausnahme: *joint-ventures*); Input und Output stammen aus bzw. gehen ins Ausland und stammen nicht von KMU der heimischen Wirtschaft, dadurch reduzierter Antriebseffekt für nationale Wirtschaft Prekäre Arbeitstellen
Entwicklungsländer können Auslandsdirektin-vestitionen anziehen, auch ohne über Infra-struktur oder Ressourcen für Industrialisierung zu verfügen	Hohe Infrastrukturkosten
Marktzugang zu Industrieländern (gilt für die EPZ selbst und bei vorhandenen *linkages* auch für die KMU)	Zoll- und Steuerentlastung führt zu Einnahme-verlusten in den Entwicklungs- und Schwellen-ländern
Verbesserung der Handelsbilanz; positive lokale Ausstrahlungseffekte möglich. (Bildung von Technologietransfer, Bildung von Human-kapital)	Umweltschädigung durch Luftverschmutzung und demografische Konzentration bei fehlen-der Infrastruktur
Möglichkeit für lokale Unternehmen, *Joint-ventures* einzugehen	Wenig Technologietransfer, hohe Arbeitsinten-sität, einfache und repetitive Tätigkeiten
	Hohe soziale Kosten: niedriger Lohn verhindert Sparquote; harte Arbeitsbedingungen sind teilweise gesetzeswidrig

Quelle: Mathelier (2004: 102), veränderte Darstellung

Der Enklavencharakter der EPZ

In der Diskussion über Exportproduktionszonen kommt dem Begriff Enklave eine hohe Bedeutung zu. Waibel (2003: 12) hebt in seiner Begriffsbestimmung den Enklavencha-rakter von EPZs hervor:

„Die EPZs sind in der Regel als geplante, umzäunte und kontrollierte Flächen in-dustrielle Enklaven, physisch, sozial und ökonomisch abgegrenzt vom restlichen Teil des Landes. Die Errichtung als Enklave ist durch politische Überlegungen, einfache Kontrolle der Unternehmen und Schutz der lokalen Industrie begründet.“

Befürworter einer Liberalisierung und einer exportorientierten Wirtschaftsstrategie sehen in dem Enklavencharakter von EPZs die Möglichkeit, in einem überschaubaren Raum den angestrebten Transformationsprozess langsam einzuleiten. Nach Busch (1992: 6) können Exportproduktionszonen in diesem Sinne als Instrument zur Trans-formation in eine neue Wirtschaftsordnung dienen. Dieser Systemwechsel kann in einer EPZ schneller und effizienter umgesetzt werden als auf der Ebene der gesamten Volkswirtschaft. Liberale Wirtschaftspolitiker mögen sich von einer solchen räumlich begrenzten Umsetzung einen Vorbildcharakter mit Ausstrahlungseffekt erhoffen. Dabei können sie überprüfen, ob aus der Bevölkerung Gegenwehr gegen das neue wirt-schaftliche System zu erwarten ist und ob die Infrastruktur des Landes (politisch, administrativ und technisch) die geplante wirtschaftliche Umstrukturierung trägt.

Auf der anderen Seite wird der Begriff Enklave negativ in der wissenschaftlichen Diskussion verwendet. Bleibt die Exportindustrie isoliert von dem sie umgebenden Sozial- und Wirtschaftsraum, ergeben sich keine Chancen für die nachhaltige Entwicklung lokaler wirtschaftlicher Strukturen:

> *„Enklaven sind meist vom regionalwirtschaftlichen Umfeld des Betriebsstandortes isolierte Einheiten und der mangelnde Ausbau regionsinterner Zulieferbeziehungen reduziert das Potential für neue Unternehmensgründungen sowie den Technologie- und Wissenstransfer in der Region." (Krätke 1997: 41)*

Zusätzlich haben Studien herausgearbeitet, dass die Kosten, die durch die Bereitstellung der Infrastrukturen für die EPZs anfallen, oftmals den gesellschaftlichen Nutzen übersteigen. In den finanziellen Vergünstigungen (geringe Miete für die Immobilie, Niedriglöhne, Befreiung von Zöllen oder Steuern) sowie in den fehlenden Verflechtungen mit der lokalen Wirtschaft erkennt Mathelier (2004: 103) sogar einen potentiellen Verlust für die Standortumgebung. Die optimistisch formulierten Ziele der Weltbank würden nicht erreicht, was den Enklavencharakter bestätige.

2.4 Synthese aus Theorien und empirischen Modellen und Kriterien für die eigene empirische Forschung

Im Folgenden sollen aus der Synthese der vorgestellten Theorien und empirischen Modelle Kriterien für die empirische Forschung zur vorliegenden Arbeit entwickelt werden. Die vorgestellten Theorien bieten unterschiedliche Zugänge zu der Frage an, wie regionale Disparitäten überwunden werden können. Dabei ist die Sichtweise auf die Region ausschlaggebend. Die Theorie der fragmentierenden Entwicklung, der Global Commodity Chain Ansatz und der Globale Netzwerkansatz sehen die Region und ihre Entwicklung durch die Stellung innerhalb des Globalisierungsprozesses bestimmt und betonen ihre Abhängigkeit von regionsübergreifenden Strukturen (*governance*) und Handlungen externer Akteure (*Global Players*, *buyers*). Während der Global Commodity Chain Ansatz v.a. die Unternehmensseite und die Machtstrukturen zwischen den einzelnen Kettensegmenten berücksichtigt, greifen neuere Konzepte wie der Globale Netzwerkansatz weitere Einflussgrößen in Hinblick auf die Gestaltung globaler Warenketten auf. Vor allem wird den Institutionen mehr Bedeutung beigemessen, die politische und rechtliche Rahmenbedingungen schaffen und auf die Warenketten Einfluss nehmen. Darüber hinaus bildet das Institutionsgefüge den Handlungsrahmen für gesellschaftliche und wirtschaftliche Akteure.

Die andere Sichtweise betont die Spezifik und die vorhandenen wirtschaftlichen und institutionellen Ressourcen der Region, die maßgeblich für ihre Entwicklung und zur Überwindung regionaler Disparitäten verantwortlich sind (Neue Endogene Wachstumstheorie, Ansatz der industriellen Distrikte). In dieser Betrachtung wird Entwicklung von den vorgefundenen internen Faktoren bestimmt. Beide Sichtweisen stellen wichtige Punkte der räumlichen Entwicklung heraus, eine einseitige Betrachtung wäre nach Krätke (1997: 8) nicht haltbar. Endogen vorhandene Ressourcen sind eine wichtige Voraussetzung für die Entwicklung wettbewerbsfähiger regionaler Produktionssysteme und für ihre Behauptung innerhalb der globalen Warenketten. Umgekehrt können regionale Wirtschaftsprozesse durch die Einbindung in globale Warenketten in Gang gesetzt oder verstärkt werden. Die Exportproduktionszone, als integrativer Bestandteil einer Warenkette, stellt somit ein potentielles Bindeglied zwischen der Region und dem Weltmarkt dar, deren Erfolg sich auf die Verzahnung beider, sowohl lokaler als auch globaler, Produktionsprozesse gründet. Sind die entsprechenden Bedingungen gegeben, kann eine EPZ Katalysator der lokalen Wirtschaft werden und den ihr oftmals in der Diskussion zugeschriebenen Enklavencharakter überwinden.

Zur Bearbeitung der dieser Studie zugrunde liegenden Fragestellung, ob die Integration des Untersuchungsraums in eine globale Warenkette der Bekleidungsindustrie durch die Implementierung einer EPZ zum Abbau regionaler Disparitäten und zu Impulsen für eine wirtschaftliche und soziale Entwicklung beitragen kann oder ob die EPZ eine Enklave bleiben wird, soll der Untersuchungsraum unter folgenden Kriterien beforscht werden:

- Welche makroökonomischen und politischen Rahmenbedingungen existieren?
- Wie stellen sich die regionalen Disparitäten konkret dar und aus welchen Gründen sind sie gewachsen?
- Welche Standortfaktoren und Ressourcen (Faktorausstattung) sind vor Ort vorhanden?
- Wie stellen sich die Machtverhältnisse (*Governance*-Strukturen) innerhalb der Warenkette dar?
- Welcher Industrietyp und welches Produktionssystem existieren im Untersuchungsraum?
- Welche inter- oder innersektoralen Aufstiegsmöglichkeiten bietet der implementierte Industriesektor? Welche *spillover effects* sind zu erwarten?
- Gibt es Voraussetzungen für die Ausbildung von *backward und forward linkages* und Produktionsnetzwerken?

- Welche Auswirkungen gab es bereits durch die Implementierung der EPZ auf die soziale Umwelt?

Abb. 1 veranschaulicht die Operationalisierung dieser Fragestellung und zeigt Erkenntniswege und Erkenntnisziele auf den unterschiedlich definierten Maßstabsebenen.

Abb. 1: Operationalisierung

Zentrale Fragestellung

Bleibt eine Exportproduktionszone, als integrativer Bestandteil einer globalen Warenkette, in einem peripheren Raum notwendigerweise eine Enklave ohne Entwicklungsimpulse auf das sozialräumliche Gefüge ihrer Umgebung, spitzt sie regionale Disparitäten zu oder unter welchen Bedingungen kann sie solche abbauen?

Theoretische Einbettung des Themas
⇨ Netzwerkperspektivische Theorien: Global Commodity Chain (GCC), Global Production Network (GPN), Industrie-Distrikte
⇨ Wachstumstheorien: Überblick, Fokussierung auf die Neue endogene Wachstumstheorie, Fragmentierende Entwicklung
⇨ Wissenschaftliche Diskussion um EPZ (Export Processing Zones) Ziele, Aufgaben, Eigenschaften, Kontroversen, Enklavenbegriff

Operationalisierung

Globale Warenketten in der Bekleidungsindustrie
⇨ Textil- und Bekleidungsindustrie als Start-up-Industrie in Entwicklungsländer v.a. für Haiti
⇨ Auslagerungsprozesse der arbeitsintensiven/ wissensarmen Produktionsschritte in Entwicklungsländern, Eintritt in die Globale Warenkette
⇨ Entwicklung- und Aufstiegschancen innerhalb der Bekleidungswarenkette

Beschreibung

Ursache-Wirkung

Beschreibung	Ursache-Wirkung
Handelsabkommen Derzeitige Handelsabkommen innerhalb der Karibik, die direkten Einfluss auf die Exportproduktionszonen und Fertigungsindustrie auf Haiti und die Dom Rep. haben -DR-CAFTA (NAFTA) -CBI, HOPE-Act	⇨ Welche Handelsliberalisierungen gab es, wann von wem, aus welchem Grund? ⇨ Welche Inhalte wurden formuliert und welche Auswirkungen haben diese für die derzeitige weitere wirtschaftliche Entwicklung Haitis? ⇨ Wie entwickelten sich die Fertigungsindustrie in Haiti und der Dominikanischen Republik unter diesen Handelsabkommen?
Beschreibung regionaler Disparitäten -Bestimmung der Maßstabsebene -historisch gewachsene Strukturen innerhalb des Sozialraums und die daraus resultierenden Standort- und Rahmenbedingungen für wirtschaftliches Wachstum in Haiti	⇨ Welche Gründe gibt es für die Entwicklung regionaler Disparitäten? ⇨ Haben sich daraus bestimmte Faktorausstattung und endogene Potentiale in den Ländern ergeben? ⇨ Wie sehen die Machtstrukturen und Abhängigkeiten innerhalb der Warenkette aus? (Governance-Struktur)
Die Implementierung der Exportproduktionszone (CODEVI) im Grenzraum Ouanaminthe (Haiti) / Dajabon (Dominikanische Republik) - Der Grenzraum und die darin stattfindenden sozialräumlichen Prozesse - die EPZ /Lagebeziehung - Vorstellung des Unternehmens - Bestimmung und Bedeutung der Produktionsart und der Produktionsweise - Einbindung der Exportproduktionszone in die globale Warenkette - Dreieckshandel: Haiti, Dom Rep. USA - Akteure um die Exportproduktionszone - Impact der EPZ auf den Sozialraum	⇨ Warum wurde die Exportproduktionszone in der Region Ouanaminthe implementiert? ⇨ Wer und welche Länder profitieren von der Exportproduktionszone? ⇨ Gibt es forward/backward linkages innerhalb v. Haiti? Gibt es Ausstrahlungseffekte auf die Region (neue Wirtschafts- und Entwicklungsimpulse)? ⇨ Welche Bedeutung hat der Grad der Einbindung in globale Warenkette für die zukünftige wirtschaftliche Entwicklung der Region? ⇨ Findet durch die Implementierung der Exportproduktionszone eine Angleichung der Region an dominikanische Lebensverhältnisse statt? ⇨ Wie wird der Impact der EPZ von unterschiedlichen Akteuren bewertet und wahrgenommen?

Schlussfolgerung

Exportproduktionszone eine Enklave?
⇨ Wie ist die EPZ in ihr sozialräumliches Umfeld eingegliedert?
⇨ Kann sie als Bindeglied zwischen Region und Weltmarkt fungieren (backward/forward linkages)?
⇨ Kann sie durch externe Effekte endogene Wachstumsmechanismen generieren?

Wie nachhaltig ist die Implementierung der EPZ?
⇨ Wie konkurrenzfähig ist die EPZ in Ouanaminthe, welche Entwicklungsoptionen innerhalb der Warenkette bestehen, die eine stabile Integration in die Warenkette bewirkten könnten?
⇨ Gehen positive Impulse von der EPZ direkt oder indirekt auf die Region aus(Arbeitsbedingungen/ Löhne/ Kaufkraft, Überwindung gewachsener Strukturen, neue Infrastrukturprojekte)?

Findet eine Überwindung von regionalen Disparitäten statt?

Quelle: eigener Entwurf 2007

3. Die Bekleidungsindustrie in Haiti und der Dominikanischen Republik

3.1 Bekleidungs- und Textilindustrie in globalen Warenketten

Im folgenden Kapitel wird die Rolle der Exportproduktionszonen bei der Entstehung länderübergreifender Warenketten am Beispiel der Bekleidungsindustrie näher erläutert. Die Bekleidungsindustrie gilt als *Start-up*-Industrie in Entwicklungsländern bzw. Niedriglohnländern und als älteste und größte Exportindustrie der Welt. Im Jahr 2003 exportieren 140 Länder Textilien und Bekleidung (UNCTAD 2005: 5). In diesem Industriezweig vollzog sich besonders früh, seit den 50er Jahren des 20. Jahrhunderts, der Prozess der Flexibilisierung und der Verlagerung der Produktionsstandorte (Fröbel et al. 1986: 36f.). Vorwiegend in EPZs werden arbeitsintensive und wissensarme Produktionsschritte, wie das einfache Verarbeiten und Vernähen von Bekleidung, innerhalb der Warenkette in Niedriglohnländer ausgelagert.

Dieser Prozess spiegelt sich auch in der wirtschaftlichen Entwicklung Haitis während der letzten Jahrzehnte wieder. Dort wurden die politischen und gesellschaftlichen Rahmenbedingungen für die Implementierung wissensarmer Produktionsschritte in EPZs hergestellt. In der gegenwärtigen Phase kommt dabei der Bekleidungsindustrie besondere Bedeutung zu, die 85 Prozent des Gesamtexportwerts des Landes beisteuert. Haiti ist damit bereits heute in hohem Maße wirtschaftlich abhängig vom Bekleidungssektor. Einen höheren Anteil der Bekleidungsindustrie am Gesamtexport weist weltweit nur noch Kambodscha auf (WTO 2007a).

Um später lokale Entwicklungs- und Aufstiegschancen in Haiti durch die Integration in globale Warenketten beschreiben, bewerten und analysieren zu können, soll deshalb zunächst die empirische Weiterführung des Global Commodity Chain Ansatzes von Gereffi (1994) allgemein am Beispiel der Bekleidungs- und Textilindustrie erläutert werden.Nach Bair & Gereffi (2000: 195) beschäftigen sich die diesbezüglichen empirischen Studien mit grenzüberschreitenden Produktions- und Handelsverflechtungen mit der Fragestellung, unter welchen Bedingungen solche Verflechtungen entstehen und welche Auswirkungen sie auf die soziale Umwelt haben. Zunächst soll aber ein Überblick über die Entwicklung der internationalen Arbeitsteilung und über mögliche Gründe für Handelsverschiebungen in der Bekleidungs- und Textilindustrie gegeben werden.

3.1.1 Entwicklung der internationalen Arbeitsteilung und räumliche Verlagerung in der Textilindustrie

Seit 1950 gab es Veränderungen in der geographischen Verteilung von Produktion und Handel in der Welttextil- und Bekleidungsindustrie. Verlagerungen fanden zunächst von Nordamerika und Westeuropa nach Japan statt, von dort aus wiederum nach Hongkong, Taiwan und Südkorea, die vor allem in den 70er und 80er Jahren den Bekleidungsexport dominierten (Spencer et al. 2002: 4). Die dritte große geographische Verlagerung, ausgehend von diesen wichtigsten asiatischen Bekleidungsexporteuren, vollzog sich in einer Reihe weiterer Entwicklungsländer.

Davon profitierten ab 1980 vor allem China, einige südostasiatische Länder sowie die Türkei. In den 90er Jahren kamen aber auch noch Standorte in Osteuropa, Zentralamerika, Mexiko und der Karibik hinzu (Bair & Gerrefi 2000: 206). In diesem Zusammenhang stellt sich die Frage, welche Gründe für diese internationalen Handelsverschiebungen vorliegen. Folgt man rein marktwirtschaftlichen Modellen und Logiken, müssten die arbeitsintensiven Produktionsschritte innerhalb der Warenkette in die Länder mit den niedrigsten Lohnkosten ausgelagert werden, die zugleich einen großen Arbeitskräfteüberschuss aufweisen. Nähen bleibt ein arbeitsintensiver Prozess, der trotz Technologisierung nie automatisiert wurde (Tücking 1999: 27). Für die genannten drei Verlagerungsprozesse waren vor allem die niedrigen Lohnkosten in anderen Ländern ausschlaggebende Gründe, was die formulierte Annahme bestätigt.

UNCTAD (2005: 1) bietet weitere Erklärungen für die Auslagerungsprozesse an. Neben den unterschiedlichen Lohnkosten stellten die seit den 60er Jahren eingeführten Quotensysteme einen entscheidenden Faktor für Auslagerungsprozesse dar, insbesondere das 1974 eingeführte Multifaserabkommen (MFA), das 1995 durch das Abkommen Agreement on Textiles and Clothing (ATC) abgelöst wurde (Haas & Zademach 2005: 35). Aufgrund der verstärkten Exportzunahmen aus Japan und später aus anderen südostasiatischen Ländern legten die Industrieländer zum Schutz ihrer heimischen Industrie Quoten auf die Einfuhr bestimmter Produkte innerhalb des Bekleidungssektors fest (Feuchte 2007: 14). Die vollständige Liberalisierung des Handels in der Textil- und Bekleidungsindustrie hätte zum Zusammenbruch der Produktion in den Industrieländern geführt. Die Industriestaaten waren nicht bereit, die Bekleidungs- und Textilproduktion den Grundprinzipien des GATT (Allgemeines Zoll- und Handelsabkommen) zu unterwerfen, in dessen Rahmen schrittweise die Liberalisierung und Nichtdiskriminierung im internationalen Handel vorangetrieben wurden. Stattdessen sahen sie in dem Multifaserabkommen eine Übergangsregelung, die ihrer Textil- und

Bekleidungsindustrie diese Strukturanpassung erleichtern sollte. Durch diese protektionistische Maßnahme wurden für jedes Entwicklungsland länderbezogen Höchstmengen für Exporte ausgehandelt, denen entsprechende Importquoten in den betreffenden Industrieländern gegenüberstanden (Saam 2003: 2). Die Exporteure versuchten, diese Restriktionen im Falle bereits ausgeschöpfter Quoten zu umgehen. Dabei boten sich zwei Strategien an: Eine Strategie war, bei ausgeschöpften Quoten in einem Produktsegment ein weiteres, im Allgemeinen gehobeneres Marktsegment oder wertschöpfungsintensivere Bereiche zusätzlich zu erschließen. Dadurch wurden auch Impulse für eine industrielle Entwicklung innerhalb der Bekleidungsindustrie, für die Erschließung neuer innersektoralen Bereiche, die Generierung von Humankapital und Technologietransfer erzeugt.

Eine andere Strategie der Exporteure bei ausgeschöpften Quoten war die Verlagerung kapitalarmer und arbeitsintensiver Teile der Produktion an Standorte in noch lohnkostengünstigeren Entwicklungsländern, um deren Quoten zu nutzen (UNCTAD 2005: 14). So erlangten zahlreiche Länder den Einstieg am *low end* in der Bekleidungswarenkette und in die EPZ-Produktion auch aufgrund ihrer ungenutzten Quoten und nicht ausschließlich wegen ihrer Faktorausstattung (Dicken 2007: 261).

Eine neue Trendwende hinsichtlich der geographischen Verteilung der Textil- und Bekleidungsindustrie und der Entstehung neuer EPZs ergab sich aus dem Auslaufen des Quotensystems zum Jahr 2005. Seit dem 1. Januar 2005 darf jedes Land beliebig hohe Mengen an Textilien und Bekleidung exportieren. Es finden erneut Handelsverschiebungen statt. Gründe für Unternehmen, quotengebundene Aufträge an bestimmte Länder zu vergeben, entfallen. Zwar stellen die niedrigen Arbeitskosten eines Landes weiterhin einen wichtigen Faktor der Standortwahl dar, aber Entscheidungen für ADI erfolgen nach Angaben zahlreicher Autoren nicht mehr in erster Linie aufgrund diesen Faktors. Nach einer Studie von UNCTAD sollten 14 der größten Textil- und Bekleidungsproduzenten über die wichtigsten Standortfaktoren entscheiden. Die Ergebnisse zeigten die fünf wichtigsten Rahmenbedingungen, die in einem Land gegeben sein sollten: (1) politische Stabilität, (2) die Qualität der Verkehrsinfrastruktur, (3) Telekommunikationsinfrastruktur, (4) Handelsabkommen und lokale Politik, die Entwicklungsstrategien befördert, (5) Arbeitskosten (UNCTAD 2005: 19). Das heißt, dass Länder, die bis zu diesem Zeitpunkt aufgrund ihrer unausgeschöpften Quoten und ihrer niedrigen Arbeitskosten, jedoch ohne weitere für Unternehmen attraktive Standortvorteile in die Bekleidungswarenkette integriert waren, zukünftig Schwierigkeiten haben werden, konkurrenzfähig auf dem Weltmarkt zu bleiben.

Weitere Faktoren gewinnen an Bedeutung, um ADI im Bekleidungssektor anzuziehen: die Möglichkeit, Agglomerationsvorteile zu nutzen, die Größe von Exportproduktionszonen, die Qualität der produzierten Erzeugnisse und die geographische Nähe der EPZs zum Absatzmarkt, die maßgeblich die Zulieferzeiten bestimmt (Bair & Gereffi 2000: 207).

Die Fähigkeit eines Landes, eine *full package production* anzubieten oder diese zu entwickeln, entscheidet zunehmend darüber, ob es gelingt, ADI anzuziehen. Eine solche *full package production* beinhaltet, außer der arbeitsintensiven Arbeit des Nähens, die Übernahme weiterer wertschöpfungsintensiverer Aufgaben, die sich als vor- und nachgelagerte Schritte um den Produktionsschritt der Montage gruppieren (siehe Abb. 4). Auf diese Weise können kleine und mittlere Unternehmen (KMU) in lokale Zulieferersysteme eingebunden werden. Schwellenländer wie China, die eine *full package production* in großen EPZ-Einheiten anbieten, verzeichnen eine ständige Zunahme an ADI und Exporten. Viele Experten gehen deshalb davon aus, dass die durch die Quoten hervorgerufene Dekonzentration in der globalen Verteilung der Standorte von einer zunehmenden Konzentration auf wenige Länder abgelöst wird, die *full package production* anbieten und sich durch Zuliefernetzwerke und lokale *linkages* auszeichnen (Gibbon 2001: 348; UNCTAD 2005: 9).

Darüber hinaus ergeben sich vor allem für Länder mit niedrigen Lohnkosten ohne sonstige nennenswerte Faktorausstattung weitere Nachteile, vor allem für die Beschäftigten innerhalb der Bekleidungsindustrie, die mit noch geringeren Löhnen rechnen müssen, um der internationalen Konkurrenz standzuhalten.

Bair & Gereffi (2000: 197) stellen in ihrer empirischen Forschung zur Bekleidungswarenkette heraus, welche Möglichkeiten Unternehmen in den Entwicklungs- und Schwellenländern haben, der Niedriglohnkonkurrenz durch wissens- und wertschöpfungsintensivere Produktionskonzepte zu entgehen und innerhalb der Bekleidungsindustrie das *low end* der Warenkette zu überwinden, um schließlich eine gefestigte Position im Weltmarkt einzunehmen. Es gilt, einen Prozess der industriellen Entwicklung innerhalb der Bekleidungswarenkette zu initiieren, die die Erschließung gehobener Marktsegmente und die Entwicklung zur *full package production* beinhalten könnte. Diese Weiterentwicklung und Etablierung der Unternehmen in Entwicklungsländern wird dabei maßgeblich durch ihre Abhängigkeit von den Leitfirmen/*buyers* sowie von den durch Handelsabkommen gesetzten Rahmenbedingungen beeinflusst.

3.1.2 Die Warenkette in der Bekleidungsindustrie

Die Warenkette in der Bekleidungsindustrie umfasst mehrere Kettensegmente, an deren Ende das fertige Produkt steht. Der Begriff der Warenkette schließt somit alle Tätigkeiten mit ein, die mit der Gestaltung, der Produktion und der Koordinierung der Produktionsnetzwerke zu tun haben. Die Kettensegmente innerhalb der Warenkette „Bekleidung" reichen von der Beschaffung des Rohmaterials über die Produktion der Fasern, die Herstellung von Stoffen, das Zusammennähen der Kleidung bis hin zum Marketingvertrieb und Design (siehe Abb. 2). Die Verteilung der einzelnen Segmente der Warenkette der Bekleidungsindustrie gilt als global fragmentiert (Dicken 2007: 250).

Abb. 2: Die Kettensegmente der Bekleidungswarenkette

Bekleidungswarenkette					
Beschaffung Rohmaterial	Faserherstellung	Herstellung von Textilien und Stoffen	Montage: Vernähen von Kleidung	Marketingvertrieb	Design

Quelle: eigener Entwurf 2007

Die Bekleidungsindustrie zählt zu den abnehmergesteuerten Warenketten (*buyer-driven commodity chain*, siehe Kap. 2.1.1), in denen die *buyers*, also Leitfirmen, wie beispielsweise Einzelhandelsketten, Großhändler und Markenhersteller, die sich selbst auf hochwertige Design- und Marketingsegmente konzentrieren, zugleich einen wesentlichen Einfluss auf die Organisation und die geographische Verteilung der ausgelagerten Produktionsschritte der Bekleidungsindustrie ausüben (siehe Abb. 3).

Abb. 3: Die Fragmentierung der Bekleidungswarenkette

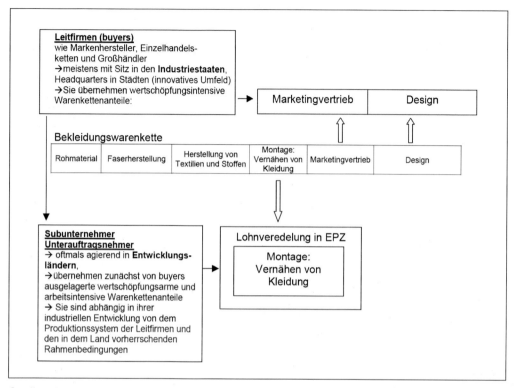

Quelle: eigener Entwurf 2008

Da das Nähen wenig profitabel ist, können Leitfirmen/*buyers* durch Direktinvestitionen in dieses Produktionssegment keine firmenspezifischen Vorteile erlangen. Die Leitfirmen versuchen deshalb, ihre Gewinnspannen durch die Ablösung dieses Produktionssegments und die Vergabe von *subcontracting* Verträgen und Lizenzen an Unterauftragsnehmer zu erzielen.

3.1.3 Mögliche industrielle Entwicklung in der Bekleidungsindustrie

Sowohl auf der Produktebene, als auch auf der Ebene der ökonomischen Aktivität und der Ebene inner- und zwischensektoraler Verschiebung gibt es – in Abhängigkeit von den Unternehmensstrategien der *buyers* – Möglichkeiten der industriellen Entwicklung für die Unterauftragsnehmer.

Die industrielle Entwicklung kann sich sowohl in Form *innersektoralen Fortschreitens* vollziehen, meist von der Produktion von Teilen hin zu komplexeren Waren bis hin zu Dienstleistungen, als auch als *intersektorales Fortschreiten* von geringwertigen, arbeitsintensiven Industrien hin zu Industrien mit hoher Kapital- und Technologieintensität (beispielsweise von der Produktion von Bekleidung, Automobil hinzu Computern).

Auf der *Produktebene* ist die Weiterentwicklung von der Herstellung einfacher zur Herstellung komplexerer Güter innerhalb des Bekleidungssegmentes möglich. Wird zunächst standardisierte Massenware wie Jeans hergestellt, bei der die Wettbewerbsfähigkeit in erster Linie von den Lohnstückkosten abhängt, könnte das Vernähen von Herrenanzügen oder höherwertiger Bekleidung eine Anpassung an flexiblere Nachfragestrukturen sein. Bei der Erschließung gehobener Marktsegmente wie qualitativ höherwertiger Modeware sind Lieferzuverlässigkeit und -schnelligkeit ausschlaggebend. Lohnkosten verlieren als Produktionsfaktor zunehmend an Bedeutung (Altenburg 2001; 15). Letztlich muss diese Entwicklung von den entsprechenden *subcontracting* Aufträgen der *buyers* unterstützt werden.

Auf der *Ebene der ökonomischen Aktivität* vollzieht sich die industrielle Entwicklung von der einfachen Montage hin zur OEM-Produktion (*Original Equipment Manufacturing*), in der die Unterauftragsnehmer Lizenzen von den Leitfirmen erhalten, um selbstständig höherwertige Aufgaben übernehmen zu können (Bair & Gereffi 2000: 204). Die Unterauftragsnehmer übernehmen einen großen Teil der Koordination der Warenkette. Die OEM-Produktion ermöglicht die Weiterentwicklung der Unterauftragsnehmer zu *full package suppliers* (siehe Abb. 4). Dadurch, dass diese Aufgabenerweiterung im wertschöpfungshöheren und wissensreicheren Bereich liegt, wird nicht mehr nur der Faktor Arbeit, sondern auch Humankapital und soziales Kapital benötigt. Dieser Schritt, der mit einem *spillover von Wissen* (Übernahme von technologischem und organisatorischem Wissen von den Leitfirmen durch die lokalen Unterauftragsnehmer) verbunden ist (Altenburg 2001: 15), ist bedeutend für die Festigung der Position innerhalb der Warenkette. Die Unterauftragsnehmer bekommen von den *buyers* nur noch Produktinformationen und übernehmen selber die Verantwortung für die Beschaffung von Textilien, den Zuschnitt des Stoffes, das Einfärben und Vorwaschen (Dicken 2007: 273). Werden über den Export hinaus noch lokale Absatzmärkte erschlossen und der *spillover* von Wissen voll ausgeschöpft, könnte der Schritt zur OBM-Produktion (*Original Brandmark Manufacture*) folgen. Auf dieser Stufe produzieren die lokalen Unternehmen eigene Marken, die sie auf dem neu gewonnenen Absatzmarkt verkaufen. Bilden diese lokalen Unternehmen eigene Netzwerkstrukturen mit *backward linkages* zu lokalen Zulieferern und *forward linkages* zu den Absatzmärkten aus, können wettbewerbsfähige Clusters entstehen (vgl. Industriedistrikte, siehe Kap. 2.1.3).

Abb. 4: Das OEM-Modell (*full package production*)

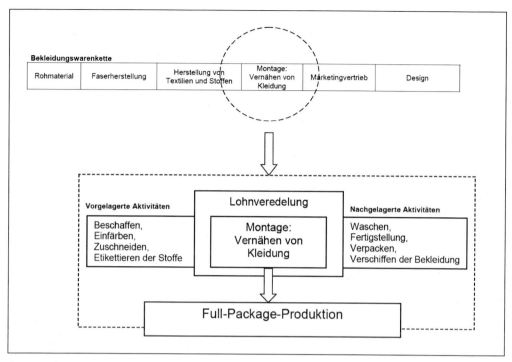

Quelle: eigener Entwurf 2008

Altenburg (2001: 15) weist darauf hin, dass, damit ein Standort die Entwicklungsschritte wirklich in der oben beschriebenen Weise vollziehen kann, dort ein entwicklungsfähiges klein- und mittelständisches Unternehmenssegment (KMU) vorhanden sein müsste, was wiederum das Vorhandensein fachspezifischer und unternehmerischer Kompetenzen sowie die entsprechenden wirtschaftspolitischen und institutionellen Rahmenbedingungen voraussetze. Diese Voraussetzungen seien jedoch nur in seltenen Fällen gegeben.

3.2 Handelsabkommen zur Förderung der exportorientierten Textilindustrie im Karibischen Raum – Schaffung von neuen regionalen Integrationsräumen

Die Auslagerung von arbeitsintensiven Produktionsschritten der Bekleidungsindustrie in Niedriglohnländer wurde von den von der Weltbank verfolgten exportorientierten wirtschafts- und handelspolitischen Strategien begleitet. Die flexiblen und grenzüberschreitenden Produktionsprozesse sind somit keine Erschaffung der Unternehmen, sondern eine politische Umsetzung der neoliberalen Strategie, die den Unternehmern zugute kommt (Bonacich 2002: 126). Die Auslagerung und Fragmentierung der Bekleidungsindustrie wurden in dem zu untersuchenden Raum von der US-Politik gefördert und beeinflusst. Es entstanden regional unterschiedliche Produktionsnetzwerke, die entscheidend von international existierenden Zuliefervertragssystemen und Handelsabkommen bestimmt werden (Bair & Gereffi 2002: 28).

Seit den 80er Jahren fand in diesem Zusammenhang im Verhältnis der USA zu ihren südlichen Nachbarstaaten (Mexiko, Zentralamerika, Karibik) das sogenannte *production sharing* – festgeschrieben im Programm 807/9802 – Anwendung. *Production sharing* basiert auf der Arbeitsteilung zwischen Ländern mit relativ hohem und solchen mit niedrigem Lohnniveau. Länder mit niedrigem Lohnniveau beschränken sich vorwiegend auf das Vernähen von Bekleidung im wertschöpfungsniedrigen Bereich, während Länder mit höherem Lohnniveau sich stärker auf die Stoff- und Faserherstellung und den Marketing- und Designsektor konzentrieren (Bair & Gereffi 2000: 214). Auf diese Weise bilden sich innerregionale Handelsnetzwerke heraus. Die Niedriglohnländer versuchen dabei, ihre Position als Lohnfertiger in der Warenkette zu sichern oder ihre Bekleidungsindustrie durch den Übergang zur OEM-Produktion weiterzuentwickeln.

Um eine Einschätzung der potentiellen Festigung und Weiterentwicklung von Standorten im Niedriglohnsektor, hier speziell des Standortes von Ouanaminthe (NO-Haiti), vornehmen zu können, wird im Folgenden ein Überblick über existierende Handelsabkommen, die einen wesentlichen Einfluss auf die Produktionsweise und die Entstehung regionaler Netzwerke im karibischen Raum und Haiti haben, gegeben.

Production sharing im Verhältnis USA-Karibik/Zentralamerika

Das Programm 807/9802 oder *production sharing* ist im karibischen Raum als Caribbean Basin Initiative (CBI) bekannt, in deren Rahmen seit den 80er Jahren den Ländern im karibischen Raum ein bevorzugter Zugang für viele Waren zum US-Markt gewährt wird und die ein Basisabkommen der Handelsbeziehungen zwischen den USA und der Karibik darstellt. Dieses Abkommen wurde 1983 durch den *Caribbean Basin Economic Recovery Act* (CBERA) ins Leben gerufen und 2000 durch den *U.S.-Caribbean Basin Trade Partnership Act* (CBTPA) erweitert. Derzeit sind 24 Länder, darunter Haiti und die Dominikanische Republik, in die CBI integriert (USTR 2008, www.ustr.gov).

In Bezug auf die Bekleidungsindustrie bietet das 807/9802-Abkommen einen bevorzugten Marktzugang für Waren an, die in den Karibikanrainerstaaten von den USA importierten Halbfertigprodukten zusammengenäht werden. In diesem Zusammenhang entstanden in den Niedriglohnländern zahlreiche Exporteure, die sich als Unterauftragsnehmer auf das Zusammennähen dieser importierten Halbfertigwaren spezialisierten. In dieser Zeit wuchs darüber hinaus die Anzahl von Exportproduktionszonen als Reaktion auf die zunehmende Handelsliberalisierung. Die EPZs können als Verortung der Handelsabkommen mit ihren Steuer- und Zollvergünstigungen gesehen werden.

Diese EPZs wiesen zugleich einen Enklavencharakter auf, weil sie sehr von den von den USA vorgegebenen Restriktionen abhängig waren und keinerlei Verflechtungen zur einheimischen Wirtschaft aufbauten. Denn die Befreiung von Importzöllen bei der Einfuhr in die USA galt nur für Fertigprodukte, in denen aus den USA gelieferte Komponenten wie zugeschnittene Textilien verarbeitet waren. Somit waren Anreize gering, eine Integration von EPZs zu lokalen Wirtschaftskreisläufen zu forcieren (Bair & Gereffi 2002: 29). Das Interesse der US-amerikanischen *buyers* an diesem Abkommen lag darin, die arbeitsintensive Produktion aus den USA in Länder zu verlegen, in denen die Lohnkosten niedrig sind, und durch die entsprechende Kostensenkung in den wertschöpfungsniedrigen Segmenten eine Profitmaximierung zu erzielen, während vorgelagerte und nachgelagerte Produktionsschritte weiterhin in den USA verbleiben, zum einen, um die dortige Textilindustrie zu schützen (FLA 2007: 5), zum anderen weil diese wertschöpfungsintensiveren Arbeitsschritte durch das höhere Qualifikationsniveau und den technischen Vorsprung in den USA konkurrenzfähig bleiben (Minkner-Bünjer 2004: 131; Bair & Peters 2006: 206).

North American Free Trade Agreement (NAFTA)

Die Implementierung des Freihandelsabkommens NAFTA 1994 mit den Vertragspartnern Mexiko, USA und Kanada hatte hohe Bedeutung für die Bekleidungsindustrie. Das Abkommen beinhaltete die graduelle Abschaffung von den meisten Handels- und Investitionsrestriktionen sowie Quoten zwischen den drei Staaten innerhalb einer Zeitspanne von 10 bis15 Jahren (Dicken 2007: 198). Durch das Abkommen wurde ein präferenzieller Marktzugang für alle Waren geschaffen, deren sämtliche Warenkettensegmente und Wertschöpfungsschritte innerhalb der NAFTA-Region stattfinden. Eine wichtige Erweiterung innerhalb des NAFTA-Abkommens war die Einführung von Steuerbegünstigungen und der Abbau von Handelsbarrieren für nationale Unternehmen in Mexiko außerhalb der EPZs. So wurde den mexikanischen Unternehmen ein Zugang zu den Märkten von Kanada und USA eröffnet, um ihre Waren exportieren zu können. Des Weiteren wurden im NAFTA-Abkommen Steuern abgeschafft, die auf die Wertzuwächse aus Mexiko erhoben wurden (Kessler 1999: 569).

Um die Textilindustrie in den USA weiterhin zu schützen und der Verlagerung von Arbeitsplätzen aus den USA nach Mexiko entgegenzuwirken, wurde innerhalb des NAFTA-Abkommens eine Herkunftsbestimmung für die verwendeten Fasern (Yarn-Forward-Rule) erlassen. Konkret beinhaltet diese Bestimmung, dass die Fasern in den von der Bekleidungsindustrie genutzten Stoffen aus den USA kommen müssen, damit die Waren von den Steuervergünstigungen profitieren können. Vorgelagerte und nach-gelagerte Produktionsschritte wie das Zuschneiden von Stoffen konnten hingegen auch in allen Vertragsländern durchgeführt werden (Kessler 1999: 569).

Durch die Begünstigung von vor- und nachgelagerten Produktionsschritten wurde die Integration nationaler Industrien in die grenzüberschreitenden Produktionsnetzwerke ermöglicht, der Enklavencharakter der EPZs abgeschwächt und die Entwicklung von *full package* Angeboten stimuliert. Im Zuge dieser Entwicklung konnte Mexiko seine internationale Konkurrenzfähigkeit festigen, dennoch weisen Kritiker von NAFTA auf die verstärkte Asymmetrie der industriellen Entwicklung hin, die sich in starker Abhän-gigkeit zu den US-amerikanischen *buyers* und deren ökonomischen Interessen voll-zieht.

Caribbean Basin Trade Partnership Act (CBTPA)

Der erste Schritt, im karibischen Raum eine Parität zum NAFTA-Abkommen herzustel-len und damit die Konkurrenzfähigkeit der Karibikanrainer zu sichern, war der CBTPA (*Caribbean Basin Trade Partnership Act*) im Jahr 2000. Dieses Abkommen beinhaltet zoll- und quotenfreien Handel für solche aus dem karibischen Becken exportierten Produkte der Bekleidungsindustrie, die mindestens eines der folgenden Kriterien berücksichtigen: Entweder muss die Bekleidung aus Textilien bestehen, die in den USA gestaltet oder zugeschnitten wurden, oder aus Stoff, der in den USA hergestellt wurde, das Zuschneiden der Textilien kann in diesem Fall auch in den Ländern vorge-nommen werden, in denen sie zusammengenäht werden. Darüber hinaus bestanden aber noch weiterhin Ausfuhrquoten für bestimmte Bekleidungskategorien, die es inner-halb des NAFTA-Abkommens nicht gab. Der CBTPA ist noch bis September 2008 in Kraft und soll dann durch das DR-CAFTA-Abkommen abgelöst werden (UNCTAD 2005: 16).

Dominican Republic – Central American Free Trade Agreement (DR-CAFTA)

Das DR-CAFTA (*Dominican Republic-Central American Free Trade Agreement*) Ab-kommen ist das Äquivalenthandelsabkommen innerhalb Zentralamerikas zu NAFTA. Man spricht in diesem Zusammenhang von einer Erweiterung des NAFTA-Abkommens

44

in den Süden (USAID 2004: 24). Das Abkommen wurde im Jahr 2004 zwischen den USA, den fünf zentralamerikanischen Ländern Costa Rica, El Salvador, Honduras, Nicaragua und Guatemala sowie der Dominikanischen Republik abgeschlossen und wird seit 2006 implementiert. Das DR-CAFTA-Abkommen reagiert nach Angaben des CRS Report (Ribando 2005: 5) auf das Auslaufen des Multifaserabkommens ab 2005, den damit gekoppelten Wegfall der Textilquoten und den Eintritt Chinas in die Welthandelsorganisation (WTO) im Jahr 2001 (siehe Kap. 3.1.1). Im Zuge dieser Entwicklungen war es zum Abbau von zahlreichen Arbeitplätzen in den karibischen und zentralamerikanischen Ländern gekommen (siehe Kap. 3.3.1).

Das Abkommen beinhaltet gegenüber dem CBTPA inhaltliche Erweiterungen, die eine Parität zum NAFTA-Abkommen herstellen, und soll zur Stärkung der Konkurrenzfähigkeit beitragen. Vorprodukte wie Textilien müssen nicht mehr, wie es bei dem CBI und der Erweiterung CBTPA die Voraussetzung für präferenziellen Marktzugang war, aus den USA kommen, sondern aus einem der Vertragspartnerländer. Alle Warenkettensegmente und Wertschöpfungsschritte müssen innerhalb der Länder des DR-CAFTA generiert werden. Vorprodukte zur Weiterverarbeitung können somit auch aus der heimischen Industrie kommen und Zollbegünstigungen erfahren (USITC 2007: 26ff.; Ribando & Taft-Morales 2007: 2f.)

So sollen für die lokalen Wirtschaften außerhalb der USA neue Anreize geschaffen werden, Inputs in die exportorientierte Produktion ihrer Länder beizusteuern. Damit könnten sich regionale Zuliefererketten verfestigen. Andererseits ist im Abkommen ein zusätzlicher Anreiz zur Verwendung von in den USA hergestellten Stoffen enthalten (Jaramillo et al. 2006: 35ff.).

Haitian Hemispheric Opportunity through Partnership Encouragement (HOPE Act)

Haiti ist kein Vertragspartner von CAFTA-DR, soll nun aber durch den HOPE Act in die Auslagerungsstrategien der US-Textil- und Bekleidungsindustrie eingebunden werden. Der HOPE Act (*Haitian Hemispheric Opportunity through Partnership Encouragement*) trat im März 2007 mit dem Beschluss des US-Kongresses in Kraft und wird auch als Einbindung Haitis in das DR-CAFTA-Abkommen verstanden. Durch den HOPE Act erhoffen sich Haiti und die Länder der DR-CAFTA-Region Synergieeffekte, die sich sowohl positiv auf die wirtschaftliche Entwicklung Haitis als auch auf Länder des DR-CAFTA-Abkommens hinsichtlich ihrer Konkurrenzfähigkeit auswirken sollen.

Grundsätzlich ist die Voraussetzung für die zollfreie Einfuhr in die USA im Rahmen von HOPE, dass die Fertigungsprodukte von Haiti aus verschifft werden. Ausnahmeregelungen, die in diesem frühen Stadium der Umsetzung genutzt werden, gestatten jedoch auch die Ausschiffung in der Dominikanischen Republik (CBP 2008: http://www.cbp.gov) (weitere Regelungen des HOPE Acts siehe Tab. 2). Die Herkunft der Ausgangsmaterialien (Stoffe, Fasern), die für die Produktion von Bekleidungsstücken verwendet werden, ist unter HOPE nicht reglementiert, also etwa, wie das in den vorgenannten Abkommen der Fall ist, auf die Vertragspartner begrenzt. Die Stoffe oder Fasern können weltweit aus allen Ländern importiert werden, solange die Hälfte der Materialkosten und Produktionskosten in Haiti generiert wird. Durch den Import der jeweils preiswertesten Vorprodukte beispielsweise aus Asien, kann noch kosteneffektiver und konkurrenzfähiger produziert werden. Dieser Vorteil und die im karibischen Raum konkurrenzlos preiswerte Arbeitskraft in Haiti mit einem gesetzlichen Mindestlohn von 1,50 Euro pro Tag sollen Anreize und Einsparpotentiale für Unternehmer schaffen, ihre Produktion nach Haiti zu verlagern und damit von der Verarbeitung von noch billigeren Vorprodukten zu profitieren (ICFTU 2005: 4; Batay Ouvriye 2007: 1ff.).

Tab. 2: Auszug aus dem HOPE Act[2]

The President has certified that Haiti has met all requirements and conditions of Title V, Section 5002(d) and (e) of the Act. On March 20, 2007, the President determined that Haiti has satisfied all of the requirements and conditions, and certified such to Congress.

- The apparel must be wholly assembled or knit-to-shape in Haiti.
- The apparel must be imported directly from Haiti.
- The apparel must be classifiable in the HTSUS chapters 61 or 62; or heading 6501, 6502, 6503, or 6504; or subheading 6406.99.15 or 6505.90.
- The apparel must be classified under one of the designated Haitian HOPE duty-free HTSUS numbers, along with the associated apparel number identified in item 4 above. The designated Haitian HOPE duty-free HTSUS numbers for apparel are 9820.61.25, 9820.61.30, 9820.62.05, and 9820.62.12.
- Certain apparel must meet applicable value added requirements, and the importer must be able to demonstrate that the goods meet the required percentage, either on an individual entry basis or by aggregation, as described in the Value Content Requirements section of this notice.
- The quantitative levels established under Haitian HOPE for eligible apparel must not be filled at the time of the claim. If these levels are filled, articles will be classified under the proper apparel tariff number and subject to the Normal Trade Relations (NTR) rate of duty

Quelle: CBP [US Costums and Border Protection] (2008: HOPE Act, http://www.cbp.gov)

---

[2] Der Harmonized Tariff Schedule of the US (HTSUS) kategorisiert alle in die USA importierten Waren. Die Warengruppen 61 und 62 fassen einfache Kleidungsstücke zusammen. Unter 61 fallen T-Shirts, Sweatshirts, Pullovers, unter 62 fallen (Anzugs-)Hosen, Jacken, Blazers, Kleider. Unter 98 fallen Re-Exporte (nach: US Department of Commerce; US International Trade Commission).

3.3 Die Fertigungsindustrie in den Exportproduktionszonen in der Dominikanischen Republik und Haiti

3.3.1 Exportproduktionszonen in der Dominikanischen Republik: Herausforderungen und Umstrukturierung

Im Rahmen der Politik der exportorientierten Industrialisierung wurde bereits 1969 die erste EPZ in der Dominikanischen Republik errichtet. Im Jahr 2001 galt die Fertigungsindustrie in den EPZs als einer der dynamischsten Wirtschaftssektoren und stellte 83% der Exporte der Dominikanischen Republik mit 200.000 Beschäftigten (Mathelier et al. 2004: 106). Die EPZ-Struktur weist eine höhere Diversifizierung als die in Haiti auf, denn die Dominikanische Republik produziert außer im Textil- und Bekleidungssektor, der 2001 den größten Anteil mit 65% der Exporte ausmachte, zusätzlich in den Bereichen Elektronik (7%), Schuhe (5%), Spielwaren (4%), Tabakwaren (4%) und Medikamente (3%). Die Dominikanische Republik war 2001 der weltweit fünftgrößte Standort von EPZs und der größte Exporteur im Karibischen Becken (Mathelier et al. 2004: 107). Die Exportproduktionszonen sind für das Land die drittgrößte Quelle von Devisen nach dem Tourismus und den Rücküberweisungen aus der Diaspora.

Ausschlaggebende Faktoren für den Erfolg der EPZs in der Dominikanischen Republik waren: der politische Wille des Staates, Wachstum zu unterstützen, Handelspräferenzen auf dem US-Markt (CBI, CBERA, siehe Kap. 3.2), Quotensysteme wie das Multifaserabkommen, die räumliche Nähe zu den USA als Absatzmarkt und die vergleichsweise weit entwickelte Infrastruktur. Gewerkschaftliche Forderungen wurden immer wieder beschwichtigt, so dass sich keine machtvolle Interessenvertretung durch eine organisierte Arbeitnehmerschaft herausbildete. Ein weiterer wichtiger Faktor, dem immer mehr Bedeutung zukommen wird, ist die Suche nach Komplementarität mit anderen Volkswirtschaften.

Doch die dominikanischen EPZs sind gezwungen, auf neue Herausforderungen, die sich mit dem Auslaufen des Multifaserabkommens und der wachsenden Konkurrenz aus Ostasien stellen, zu reagieren. Die USA als größter Absatzmarkt nehmen 90% der Exporte der dominikanischen Bekleidungsindustrie auf (FLA 2007: 6). Aus der wachsenden Dominanz der EPZs innerhalb der gesamten Industrieproduktion und der Abhängigkeit von den USA als Markt der EPZ-Produkte ergab sich eine hohe Vulnerabilität (Begriff nach Kapilinsky 1993: 185), die sich mit der Neuordnung des globalen Textil- und Bekleidungsmarkts (vgl. Kap. 3.1.1) krisenhaft zuspitzte: Waren 2003 in insgesamt 53 EPZs mit 580 Unternehmen noch 181.130 Arbeiterinnen und Arbeiter beschäftigt, waren es im Jahr 2006 insgesamt nur noch 154.781 in 556 Unternehmen (ILO 2003: 11; 2007: 17). Diese abnehmenden Beschäftigungszahlen schlagen vor allem im Textil- und Bekleidungssektor zu Buche. Von 2004 auf 2005 verlor die export-orientierte Bekleidungsindustrie in dominikanischen EPZs rund 40.000 Arbeitsplätze (FLA 2007: 6). Zwischen 2004 und 2006 sanken die US-Importe aus der Dominikani-schen Republik um 25% von 2,06 Mrd. US-Dollar auf 1,55 Mrd. US-Dollar. Nahm die Dominikanische Republik 1995 noch den 6. Rang unter den Bekleidungszulieferern der USA ein, war es im Jahr 2006 nur noch der 15. Rang (siehe Tab. 3). Generell können Rückläufe im Karibischen Raum im Bekleidungssektor beobachtet werden (FLA 2007: 4).

Tab. 3: Entwicklung der exportorientierten Bekleidungsindustrie der Dominikanischen Republik, 1995- 2006

	1995	1999	2001	2002	2003	2004	2005	2006
Anzahl der Beklei-dungsunternehmer	295	277	262	262	269	281	226	k. A.
Anzahl der Be-schäftigten im Bekleidungssektor	108.599	125.783	121.895	118.652	119.101	131.178	91.481	k. A.
Rang unter den Zulieferern auf den US-Markt	6	4	6	6	8	9	10	15

Quelle: FLA (2007:4ff.)

Die Gründe für diese Entwicklung sind nach FLA (2007) komplex: 92% der dominikani-schen Exporte waren mit Quoten reglementiert. Mit deren Wegfall 2005 verstärkte sich die Konkurrenz aus China auf dem US-Bekleidungs- und Textilmarkt. Auch das Han-delsabkommen CBI, das auf der Verarbeitung von vergleichsweise teuren vorgeschnit-tenen Halbfertigprodukten aus den USA beruhte, verlor an Wirkung, weil viele *buyers* ihre Produktion nach Asien verlagerten und dort von den günstigeren Textilien profitier-ten. FLA (2007) empfiehlt der dominikanischen Bekleidungsindustrie, den Fokus auf ihren kompetitiven Vorteil, die geographische Nähe zum US-Absatzmarkt, zu legen, um die restlichen Arbeitsplätze in der Bekleidungsindustrie zu erhalten. Lokale Produzen-ten sollten, um konkurrenzfähig zu bleiben, ihre Strategien auf die Entwicklung von *full package production* orientieren, die zunehmend von den *buyers* nachgefragt wird (siehe Kap. 3.1.1).

Für die industrielle Entwicklung in der Dominikanischen Republik bedeutet dies einer-seits, dass eine Umorientierung hinzu wertschöpfungsintensiveren Produktionen stattfinden muss, welche die Bereitstellung von vorgelagerten und nachgelagerten Produktionsschritten integrieren, und andererseits, dass sich die dominikanische Fertigungsindustrie zunehmend in regionale Warenketten integrieren muss. Tab. 4 zeigt, dass in diesem Rahmen die Auslagerung solcher Arbeiten am *low end* der Bekleidungswarenkette, die in der Dominikanischen Republik nicht mehr konkurrenzfähig erbracht werden können, nach Haiti eine zunehmend wichtige Option werden könnte.

Tab. 4: Komparative Kostenvorteile nach Wegfall der Quoten

Komparative Kostenvorteile nach dem Wegfall der Quoten 2005		
Region oder Land	Erwartete Entwicklung nach dem Quotenwegfall	Konkurrenzfähige Schlüsselfaktoren im Raum
China	Wichtigster Lieferant der US Bekleidungskonzerne. Langfristig Rückgang der Konkurrenzfähigkeit durch höhere Arbeitskosten infolge höherer Binnennachfrage in China.	Niedrige Lohnstückkosten durch niedrige Löhne und hohe Produktivität. Produktion von Stoffen, Schnitt, Verpackung und weitere Produktionsschritte → *full package* Angebote
CBERA	US-Firmen kündigen Rückgang der Bestellungen an – abhängig von der Ausgestaltung von DR-CAFTA. Weiterhin Zulieferung von Bekleidung bei kurzfristigen Bestellungen.	Massenproduktion im weniger arbeitsintensiven Bereich, Spezialisierungen. Hohe Abhängigkeit von aus USA importierten Garnen und Stoffen. Nähe zum US-Markt und Handelsabkommen als Standortvorteile.
Dominikanische Republik	Anteile an den US-Bekleidungsimporten fallen. Gilt aber weiterhin als einer der attraktivsten Zulieferer der Region. Weiterhin Zulieferung von Bekleidung bei kurzfristigen Bestellungen.	Verlagerungen einiger Bekleidungsproduktionsschritte v. a. arbeitsintensive, nach Haiti, um von den geringen Lohnkosten zu profitieren. Kurzer Transportweg aufgrund der räumlichen Nähe zum US-Markt.
Haiti	Anteile an den US-Bekleidungsimporten fallen.	Haiti hat den geringsten Stundenlohn in der Karibik und Südamerika.

Quelle: USITC (2004: 18)

Die Arbeitskosten in der Dominikanischen Republik liegen nicht nur weit über denen in Ostasien, sondern sie übertreffen auch die in den benachbarten Staaten der Karibik und Zentralamerikas bei weitem (FLA 2007: 10). Der Mindestlohn in der Dominikanischen Republik lag 2004 bei 100 US-Dollar pro Monat (USAID 2004: 14) und damit im Verhältnis von 3:1 zum Mindestlohn in Haiti (350 Gourdes pro Woche, entspricht 9 US-Dollar).

3.3.2 Exportproduktionszonen in Haiti: am unteren Ende der Warenkette

Die Fertigungsindustrie in Haiti gibt es seit den 60er Jahren. Zunächst spezialisierte sie sich auf die Montage importierter Teile im Bereich der Sport-, Spielzeug- und Elektronikindustrie (vor allem Puppen und Baseball-Bälle; Garrity 1981: 203). 1984 erreichte die Fertigungsindustrie mit 50.000 Beschäftigten in 200 Unternehmen einen vorläufigen Höhepunkt (Mathelier et al. 2004: 106), infolge politischer Turbulenzen, insbesondere im Zusammenhang mit dem UN-Handelsembargo gegen die Putschregierung 1994, gingen zu Beginn der 90er Jahre die wirtschaftlichen Aktivitäten in den EPZs stark zurück. 1998 arbeiteten noch 21.000 Beschäftigte in 85 Betrieben (IHSI 2000: 19). Derzeit gibt es in Haiti vier EPZs mit insgesamt 90 Unternehmen und 10.000 - 20.000[3] Beschäftigten (ILO 2007: 17). Die ILO (2007: 17) bezeichnet die EPZs in Haiti als „maquiladoras", also mit dem üblicherweise den Fabriken an der US-mexikanischen Grenze vorbehaltenen Begriff. Damit soll ausgedrückt werden, dass in den Zonen lediglich passive Lohnveredelung stattfindet. Die EPZs in Haiti produzieren heute fast ausschließlich Bekleidung. 69% der Beschäftigten in der Bekleidungsindustrie sind Frauen.

Im Jahr 2000 gab es in Haiti insgesamt 114.000 Beschäftigte im formellen Sektor (öffentlicher Dienst und privater Sektor), während 92% der Arbeitskraft in informellen Bereichen gebunden war (UN & République d'Haïti 2000: 51). Der EPZ-Sektor gehört neben dem Telekommunikationssektor zu den wenigen formellen Bereichen der haitianischen Wirtschaft, die Wachstum verzeichnen, Investitionen anziehen und formelle Arbeitsplätze generieren (IHSI 2007: 2f.). Insbesondere stellen die Waren der exportorientierten Bekleidungsindustrie einen bestimmenden Anteil des Gesamtexports des Landes. Während landwirtschaftliche Produkte, die einst den Export dominierten, 2006 nur noch mit 5,7% am Export beteiligt waren, entfielen 94,3% auf Industriegüter, darunter 85,2% allein auf die Bekleidungsindustrie (WTO 2007a: 76). Haiti gehört zu den Staaten mit der größten Abhängigkeit von den Exporten der Bekleidungsindustrie (siehe Tab. 5).

---

[3] Die Zahl variiert je nach der Quelle.

Tab. 5: Bekleidungsexporte und ihr Anteil am Gesamtexport ausgewählter Länder, 1990-2006 (in Millionen US-Dollar und Prozent)

	Wert					Anteil der Bekleidungsindustrie am Gesamtexport	
	1990	2000	2004	2005	2006	2000	2006
China	9.669	36.071	61.856	74.163	95.388	14,5	9,8
Dominikanische Republik	782	2.555	2.121	1.905	1.642	44,5	25,5
Haiti	63	245	303	393	432	76,9	85,2
Welt	108.129	198.094	260.569	277.971	311.410	3,2	2,6

Quelle: WTO (2007a)

Im CRS Report von Gelb (2005: 4) wird nicht nur auf die einseitige Exportstruktur hingewiesen, sondern auch auf die hohe Abhängigkeit von den USA. Insgesamt gingen 84% aller Exporte und 89% aller Bekleidungsexporte aus Haiti in die USA. Aus der US-amerikanischen Sicht sind die Importe aus Haiti relativ zu den gesamten Textil- und Bekleidungsimporten vergleichsweise wenig bedeutend. Sie belaufen sich auf nur 0,3% (U.S. Census Bureau 2007, http://www.census.gov). [4]

Im Zusammenhang mit DR-CAFTA und dem HOPE Act (siehe Kap. 3.2) beschrieb die Weltbank (2006b) mögliche Potentiale der Exportproduktionszonen für die wirtschaftliche Entwicklung Haitis. Vor allem der Bekleidungsindustrie, die innerhalb der formellen Ökonomie des Landes seit den 90er Jahren bereits stark an Bedeutung gewonnen hat, wird erhebliches Entwicklungspotential zugeschrieben. Als entscheidende komparative Kostenvorteile werden die in Haiti vorhandene Arbeitskraft, die niedrigen Lohnkosten, die Nähe zum US-Markt und zur Dominikanischen Republik angeführt (World Bank 2006b: 24). Zugleich weist die Weltbank auf die Herausforderung hin, Hürden, die einer solchen Entwicklung im Wege stehen können, wie die mangelhafte Infrastruktur, das fehlende Humankapital und bürokratische Investitionshemmnisse zu beseitigen (siehe auch Kap. 4.3).

---

[4] Einen noch deutlicheren Ausdruck findet diese Asymmetrie bei Berücksichtigung aller Exporte: 84% aller Exporte aus Haiti gehen in die USA (496 Mio. US-Dollar). Bei einem gesamten Importvolumen der USA von 1,845 Mrd. US-Dollar beträgt Haitis Anteil nur 0,03% (U.S. Census Bureau 2007, http://www.census.gov).

3.4 Zwischenresümee

Die in Kap. 3.2 vorgestellten Handelsabkommen haben die Außenhandelsstruktur der beteiligten karibischen und zentralamerikanischen Staaten beeinflusst und ihre Verschränkung mit der US-Wirtschaft und untereinander verstärkt. Die USA sind sowohl wichtigster Markt der auf der Grundlage der Abkommen exportierten Fertigprodukte, als auch größter Lieferant der in diese Länder importierten Waren (WTO 2007b) (siehe Tab. 6). Im Volumen haben die Abkommen erhebliche Steigerungen der Exporte der beteiligten Staaten bewirkt, gleichwohl einer Exportdiversifizierung eher entgegengewirkt und bislang (CBI, CBERA) nur eingeschränkte Anreize geboten, die Exportindustrie mit den lokalen Industrien zu verknüpfen. Zugleich stellt sich die Ausbildung von *forward* und *backward linkages* und die Weiterentwicklung zur *full package production* als zentrale Herausforderung vor dem Hintergrund der global sich verschärfenden Konkurrenz nach Auslaufen des Multifaserabkommens. Im Zusammenhang mit dem DR-CAFTA und dem HOPE Act bietet sich den dominikanischen Unterauftragsnehmern die Möglichkeit eines neuen *production-sharing* zwischen der Dominikanischen Republik und Haiti und eines Dreieckshandels mit den USA, der durch die komparativen Kostenvorteile des jeweiligen Landes und durch die geographische Nähe der einzelnen Länder zueinander bestimmt ist. Wie sich die Chancen für den Abbau regionaler Disparitäten und insbesondere für die soziale und wirtschaftliche Entwicklung Haitis darstellen, soll im Folgenden unter Berücksichtigung der gegebenen Bedingungen und ihrer historisch begründeten Zusammenhänge untersucht werden.

Tab. 6: Anteil der USA am Gesamtexport und -import ausgewählter Länder 2006

Handelspartner	Anteil der USA am Export in Prozent	Anteil der USA am Import in Prozent
Dominikanische Republik	40,2	44,8
Costa Rica	35,9	38,3
Nicaragua	35,1	20,8
Honduras	34,7	40,5
Guatemala	26,5	35,9
El Salvador	23,1	31,2
Haiti	84,0	46,0

Quellen: WTO (2007b); U.S. Bureau of the Census (2007)

4. Der regionale Kontext: Haiti und die Dominikanische Republik und ihre gemeinsame Grenzregion

4.1 Sozial- und wirtschaftsräumliche Disparitäten zwischen Haiti und der Dominikanischen Republik und innerhalb der Länder

Regionale Disparitäten kennzeichnen nach Bathelt & Glückner (2003) die ungleiche räumliche Verteilung von Rohstoffen, Industrien und Städten. Regionale Disparitäten sind aber nicht räumlich *bedingte* Ungleichheiten, sondern *resultieren* aus sozialen, wirtschaftlichen und institutionellen Prozessen, die sich auf unterschiedlichen räumlichen Ebenen vollziehen. „[Die] regionalen Disparitäten sind Ergebnis räumlich differenziert wirkender Prozesse" (Bathelt & Glückner 2003: 63). In der Wirtschaftsgeographie wird nach der Art der regionalen Disparität und ihrer Entstehungsweise gefragt und danach, welche derzeitigen ökonomischen und sozialen Prozesse auf den Ausgleich oder die Verstärkung regionaler Disparitäten einwirken. Regionale Disparitäten drücken sich in regionalen Wohlfahrtsunterschieden (Einkommen, Arbeitslosigkeit, Erwerbsmöglichkeiten etc.) und wirtschaftlichen Dynamiken (Konzentration und Dispersion, siehe Kap. 2.1.1) aus, die räumlich sichtbar sind.

Regionale Disparitäten können auf unterschiedlicher Maßstabsebene auftreten und untersucht werden. Somit muss im Vorfeld der Analyse eine Maßstabsebene definiert werden, die die zu untersuchenden unterschiedlichen Raumausprägungen zum Vorschein bringt.

Der Untersuchungsraum der dieser Studie zugrundeliegenden empirischen Studien liegt im geographischen Zentrum der Insel Hispañola, im Grenzraum zwischen Haiti und der Dominikanischen Republik, die sich diese zweitgrößte Insel der Karibik teilen (siehe Karte 1). Das Verhältnis zwischen den beiden Nachbarn ist sowohl von engen wirtschaftlichen und sozialen Parallelitäten und Verflechtungen als auch von großen Disparitäten geprägt.

Karte 1 : Die größten Städte auf Hispañola

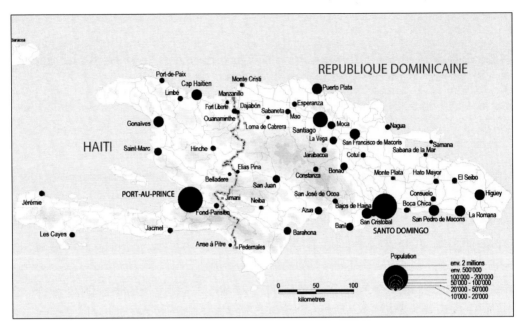

Quelle: Poschet el Moudden (2006: 62) (größere Darstellung siehe Anhang: A 1)

4.1.1 Disparitäten in der sozialen Entwicklung

Haiti und die Dominikanische Republik sind Entwicklungsländer, die mit erheblichen strukturellen Problemen bezüglich ihrer Infrastruktur, Energieversorgung, Regierungsführung zu kämpfen haben (World Bank 2006b: 28).

Tab. 7: Wirtschaftliche und soziale Disparitäten zwischen Haiti und der Dominikanischen Republik

	Haiti		Dominikanische Republik	
	2004	**2005**	**2004**	**2005**
BIP pro Kopf in US$	420	500	2130	3317
Kaufkraftparität pro Kopf in US$	1892	1663	7449	8217
Lebenserwartung in Jahren	52	59,5	67,5	71,5
Anteil der Bevölkerung unter der Armutsgrenze	78	78	11	16,2
HDI Rang	154	146	94	79
HDI Punkte	0,482	0,529	0,751	0,779

Quelle: UNDP (2006; 2007)

Auf dem Human Development Index (HDI) 2007 des United Nations Development Programme (UNDP) nehmen sie jedoch weit auseinander liegende Ränge ein: Haiti steht auf dem 146. Rang von 177 Ländern, die Dominikanische Republik auf dem 79. Rang. Beide Länder konnten von 2006 auf 2007 in der HDI-Rangliste aufsteigen (siehe Tab. 7), aber der Abstand zwischen den Rängen hat sich weiter vergrößert (UNDP 2007: 232ff.; UNDP 2006: 284ff.)

Haiti zeichnet sich durch eine besonders prekäre soziale Lage aus. Etwa 80% der Bevölkerung Haitis lebten 2005 unter der Armutsgrenze, die Arbeitslosenquote liegt bei 70% und die Lebenserwartung beträgt nur 59,5 Jahre. Viele Werte, die Haiti aufweist, sind die schlechtesten in der westlichen Hemisphäre.

4.1.2 Disparitäten in der wirtschaftlichen Entwicklung

Mit einem Bruttoinlandsprodukt (BIP) von 500 US-Dollar pro Einwohner (2005) zählt Haiti zu den ärmsten Ländern der Welt. Der Abstand in der wirtschaftlichen Entwicklung zur Dominikanischen Republik und zu den meisten der übrigen lateinamerikanischen Länder ist bedeutend und hat sich in den letzten Jahrzehnten noch vergrößert. 1960 hatten Haiti und die Dominikanische Republik noch dasselbe BIP pro Kopf erwirtschaftet, seither wurden auf den beiden Inselhälften jedoch gegensätzliche wirtschaftliche Tendenzen wirksam. Von 1961 bis 2000 ging das BIP pro Kopf in Haiti um jährlich durchschnittlich 1% zurück, was einem Gesamtrückgang in diesem Zeitraum von 45% entspricht. Auch im neuen Jahrtausend bis 2004 lag das Wirtschaftswachstum im negativen Bereich (World Bank 2006b: 1f.; Montas et al. 2004: 53). Erst in den Wirtschaftsjahren 2004/2005 und 2005/2006 ließ sich eine leichte Verbesserung der makroökonomischen Kennzahlen erkennen. Das BIP stieg um 1,8 bzw. 2,3% (IHSI 2007: 4, siehe Tab. 8).

Tab. 8: Durchschnittliches jährliches Wachstum des BIP pro Kopf, 1961 bis 2000

	1961-2000	1961-1970	1971-1980	1981-1990	1991-2000
Haiti	- 1,0%	- 1,4%	2,6%	- 2,3%	- 2,3%
Lateinamerikanische Staaten	1,7%	2,6%	3,1%	- 0,8%	1,7%

Quelle: World Bank (2006b: 2)

Die Dominikanische Republik hingegen konnte mit ihrer Entwicklung zu einem bedeutenden Standort der Fertigungsindustrie und zu einem beliebten Ziel des Massentourismus vor allem in den 70er und 90er Jahren hohe Wachstumsraten verzeichnen und war von 1970 bis 2000 eine der am schnellsten wachsenden Volkswirtschaften Lateinamerikas mit einem durchschnittlichen Zuwachs des BIP pro Kopf von 5% (Weltbank

2006: 7). Nach einer kurzen Regression 2003 mit einem Negativwachstum von – 0,4%
setzte sich der positive Trend weiter fort und steigerte sich auf Zuwachsraten von 9,2%
(2005) und 10% (2006) (CEPAL 2006: 85).

Auch die weltwirtschaftliche Integration beider Länder entwickelte sich unterschiedlich.
Dabei weist die Dominikanische Republik einen erheblich höheren Integrationsgrad auf
als Haiti. Haiti exportierte 2005 Waren im Wert von 458,9 Mio. US-Dollar, das Importvolumen betrug 1.308,5 Mio. US-Dollar (CEPAL 2006: 170) und überstieg somit das
Exportvolumen um fast das Doppelte. Die Dominikanische Republik exportierte für
6.145,8 Mio. US-Dollar und importierte für 9.876,3 Mio. US-Dollar (CEPAL 2006: 178).
Daraus ergab sich ein Handelsdefizit von fast 4 Mrd. US-Dollar.

Während Haiti sich nach dem Ende der Diktatur Duvalier 1986 und mit der Handelsliberalisierung von 1986/87 für Importe öffnete, ohne zugleich einen bedeutenden Zuwachs an Exporten zu verzeichnen, und auch die kurze wirtschaftliche Erholungsphase
nach dem Ende der Militärjunta 1994 sich vor allem in einer Steigerung der Importe
niederschlug (République d'Haïti 2003: 24, siehe Tab. 9), verlief die weltwirtschaftliche
Integration der Dominikanischen Republik weniger unausgeglichen. Die Dominikanische Republik konnte ihre Ausfuhren vor allem in den 90er Jahren beträchtlich steigern
(siehe Tab. 10).

Tab. 9: Entwicklung von Import und Export Haitis (1986/87 = 100)

	1986/87	1991/92	1996/97	2001/02	2002/03	2003/04	2004/05	2005/06
Import	100	75,9	220,5	357,2	372,3	368,4	377,8	395,2
Export	100	48,2	76,8	110,2	120,3	132,1	136,5	140,8

Quelle: République d'Haïti (2003: 24); IHSI (2007: 4)

Tab. 10: Entwicklung von Import und Export der Dominikanischen Republik in Mio. US-Dollar

	1995	2000	2005
Export	3.779,5	5.736,7	6.145,8
Import	5.170,4	9.478,5	9.876,3

Quelle: CEPAL (2006: 178)

Gemeinsam ist beiden Ländern, dass ihr Außenhandel zu großen Teilen auf der
Grundlage der CBI und ihrer Folgeabkommen abgewickelt wird und deshalb von den
USA als dominierendem Handelspartner bestimmt und in der Produktpalette auf Fer-

tigwaren vor allem im Bekleidungssektor fokussiert ist. Auch wenn die Dominikanische Republik eine größere inner- und intersektorale Diversifizierung erreicht hat als Haiti, bleibt beiden Ländern diese strukturelle Abhängigkeit in ihren außenwirtschaftlichen Beziehungen als Gemeinsamkeit.

4.1.3 Disparitäten im Raumgefüge

Theodat (2003: 40) beschreibt ein Raumgefüge wirtschaftlicher Zentren und Peripherien auf der Insel Hispañola, in dem er die raumstrukturellen Disparitäten darstellt. Innerhalb Haitis spricht Theodat (2003: 42) von einer Achse, die die Hauptstadt Port-au-Prince im Süden als dominierender Standort von Verwaltungstätigkeiten, Industrie und Handel mit der zweitgrößten Stadt Cap-Haïtien im Norden verbindet und das Land zerteilt. Östlich der Achse gelegen befindet sich die erweiterte Grenzregion zur Dominikanischen Republik, die von dem *Plateau Central* und den östlichen Teilen der Bergkette *Massif du Nord* gebildet wird. Diese Binnenregionen sind von der Viehwirtschaft und extensiver Landwirtschaft geprägt, traditionell dünn besiedelt und infrastrukturell schlecht erschlossen. Sie beginnen sich jedoch seit einigen Jahren in einer neuen, durch die Öffnung der Grenze und die Etablierung binationaler Märkte ausgelösten wirtschaftlichen Dynamik zunehmend grenzübergreifend zu integrieren (Poschet El Moudden 2006). Westlich der Achse befinden sich die zwei Halbinseln, die durch hohe Gebirgszüge vom Rest des Landes isoliert und ebenfalls wirtschaftlich schwach entwickelt sind und eigene Raumstrukturen aufweisen.

Die Dominikanische Republik ist ebenfalls von einer Bipolarität zweier großer und wirtschaftlich bedeutender Agglomerationen geprägt: die Hauptstadt Santo Domingo im Süden und Santiago, wichtigster Standort der Exportindustrie im nördlichen Zentrum des Landes. Östlich dieser Achse haben sich der Südosten und der Nordosten als Touristenregionen entwickelt, während der Westen der Dominikanischen Republik, die Grenzregion zu Haiti, vor allem agrarisch geprägt und wirtschaftlich weit schwächer entwickelt ist als der Rest des Landes (siehe Karte 2). Dort leben viele Haitianerinnen und Haitianer, meist illegal und in prekären Lebenssituationen.

Karte 2: Das räumliche Gefüge und dynamische Prozesse in Haiti und in der Dominikanischen Republik

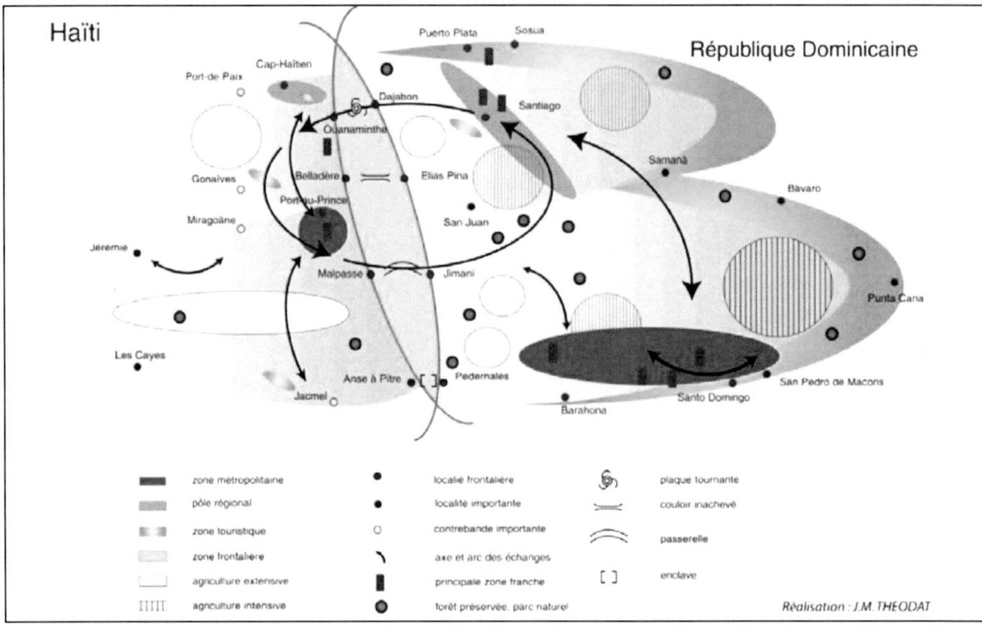

Quelle: Theodat (2004: 42) (größere Darstellung siehe Anhang: A 2)

4.2 Gründe der Entwicklung von regionalen Disparitäten, unterschiedliche Industrialisierungspfade

Es bestehen somit regionale Disparitäten innerhalb der Länder und im Vergleich beider Länder. Im Folgenden soll nun der innere Zusammenhang dieser auseinander driften-den Entwicklung dargestellt werden. Regionale Disparitäten und unterschiedliche Faktorausstattungen lassen sich nicht ohne eine Analyse der historisch gewachsenen Abhängigkeitsstrukturen erklären. Die wirtschaftliche Entwicklung und der Industriali-sierungspfad Haitis werden in Abhängigkeit von der Entwicklung in der Dominikani-schen Republik und von einer Einflussgröße, die auf beide Gesellschaften wirkt, die Abhängigkeit von den USA, betrachtet.

4.2.1 Historischer Rückblick auf eine ungleiche Entwicklung

Die Insel Hispañola blickt auf eine lange Geschichte der Integration in die Entwicklung des internationalen Handels zurück. Santo Domingo, heute Hauptstadt der Dominika-nischen Republik, war eine der ersten europäischen Stadtgründungen Lateinamerikas (gegründet 1496) und Ausgangspunkt der spanischen Kolonisierung des Subkonti-nents, verlor jedoch schon bald innerhalb des spanischen Weltreichs zugunsten ande-rer Regionen mit größerem wirtschaftlichem Potential (Mexiko, Peru) an Bedeutung und fristete Jahrhunderte lang ein eher randständiges Dasein. Während die britischen

58

und französischen Kolonien in der Karibik im 18. Jahrhundert eine höchst effiziente und ertragreiche exportorientierte Landwirtschaft aufbauten (Zuckerrohr, Kaffee, Baumwolle), war die spanische Kolonie Santo Domingo vor allem von der Subsistenzwirtschaft der spanischen Bauern und Viehhirten geprägt (Stoddard 1914: 6). Der westliche Teil der Insel, heute Haiti, hingegen war von Ende des 17. Jahrhunderts bis Ende des 18. Jahrhunderts die wirtschaftlich bedeutendste Kolonie Frankreichs (vgl. Dupuy 1989; Hector & Moïse 1989).

Nach der haitianischen Unabhängigkeit 1804 und der Unabhängigkeit der Dominikanischen Republik 1844 dauerte es bis Ende des 19./Anfang des 20. Jahrhunderts, bis die beiden Inselhälften wieder ins Zentrum des wirtschaftlichen Interesses europäischer und nordamerikanischer Unternehmen rückten. Von 1915 bis 1934 besetzten die USA Haiti und von 1916 bis 1924 die Dominikanische Republik. In beiden Ländern unternahm die US-Administration wirtschaftspolitische Weichenstellungen, um US-amerikanische Investitionen in den Ländern zu erleichtern und die Region – auch vor dem Hintergrund des Ersten Weltkriegs – als politische und wirtschaftliche Einflusssphäre zu sichern (vgl. Castor 1988; Dupuy 1989). Die Summe der bis 1930 in der Dominikanischen Republik getätigten Investitionen aus den USA überstieg die in Haiti vorgenommenen Investitionen bis 1930 um das Achtfache (Castor 1988: 105). Vor allem wurde US-Kapital in die Modernisierung der dominikanischen Landwirtschaft, insbesondere in den Aufbau von Zuckerrohrplantagen investiert. Um diese mit billiger Arbeitskraft zu betreiben, wurden von eigens eingerichteten Agenturen Landarbeiter aus Haiti rekrutiert (Castor 1988: 100).

Später wurde die Saisonarbeit haitianischer Landarbeiter auf dominikanischen Zuckerrohrfeldern in einem bilateralen Vertrag zwischen den Regierungen geregelt (Scheidler 1993: 13). Auch nach dem Auslaufen dieser Abmachung nach dem Ende der Diktatur Duvalier 1986 hielt die Arbeitsmigration von Haiti in die Dominikanische Republik an, vollzog sich nun jedoch überwiegend illegal und richtete sich verstärkt auf neue aufstrebende Wirtschaftssektoren, wie Bau und Tourismus (King 2005: 161).

4.2.2 Von der Import-Substitution zur Exportorientierung

In den 70er Jahren bis Mitte der 80er Jahre verfolgte Haiti die Strategie der Import-Substitution. Das hieß: Lokale Produzenten wurden durch Schutzzölle vor der internationalen Konkurrenz geschützt, damit eine nachhaltige lokale Wirtschaftsinfrastruktur wachsen kann. In den vorwiegend kleinen und mittleren Unternehmen wurden Grundgüter für den heimischen Markt wie Nahrungsmittel, Getränke, Baustoffe, Bekleidung oder Seife produziert. Wegen des kleinen Binnenmarktes und der geringen Kaufkraft konnten viele Unternehmer nicht effizient und nur unter ihrer Kapazität wirtschaften. Nur einige Sektoren konnten sich profilieren und ihr Geschäft durch den Export erweitern. Dazu zählten Rum, Kunsthandwerk, dessen Vermarktung in den USA von Nichtregierungsorganisationen unterstützt wurde, sowie Lederwaren (Haggerty 1989: 7f.).

Nach dem Sturz des Diktators Jean-Claude Duvalier 1986 folgte die Regierung auf Anraten der Weltbank und des Internationalen Währungsfonds (IMF) der Exportorientierung als neuer Wirtschaftsstrategie. Die Wirtschaft sollte geöffnet, das hieß in erster Linie der Handel durch Zollsenkungen und die Aufhebung von Importbeschränkungen liberalisiert werden. Der bisherige Protektionismus zugunsten der lokalen Produzenten wurde abgebaut und die Strategie der Import-Substitution durch eine exportorientierte Industrialisierung abgelöst. Die zentralen Elemente dieser Strategie waren:

- Liberalisierung des Handels durch Zollabbau, Ziel: größeres Warenangebot, mehr Konkurrenz, niedrigere Preise für Konsumgüter, insbesondere Lebensmittel;
- Aufbau einer exportorientierten Industrie, Ziel: Schaffung von Arbeitsplätzen, Absorption der aus der Landwirtschaft freigesetzten Arbeitskraft (DeWind & Kinley III 1988)

Viele lokale Produzenten, darunter auch die einheimische Textilindustrie, konnten der Konkurrenz durch die preiswerteren Importwaren nun nicht mehr Stand halten und wurden von ihren Märkten verdrängt. Dazu trug seit den 90er Jahren zusätzlich die illegale Einfuhr geschmuggelter Waren aus der Dominikanischen Republik und den USA bei. Die lokalen Produzenten waren die Verlierer der wirtschaftlichen Umstrukturierung: Die Folgen dieser Politik waren ein massiver Rückgang der Pro-Kopf-Produktion an Nahrungsmitteln (CEPAL 2000: 618f.), insbesondere Rückgang im Anbau der für den lokalen Handel bestimmten Produkte wie Reis, Hirse oder Bohnen (CEPAL 2000: 648f.) und auch Rückgang der handwerklichen Produktion, z.B. der lokalen Textilindustrie (King 2005: 152), und schließlich, durch diese Prozesse ausgelöst, die massive Abwanderung aus den ländlichen Regionen in die Vororte der größeren Städte. Zugleich konnten die Ziele der Umstrukturierung nicht erreicht werden: Die neuen Arbeitsplätze in der exportorientierten Industrie hielten nicht Schritt mit der Zuwanderung in die städtischen Sektoren, die Inflation konnte nur für wenige Jahre

(1986 bis 1989) gedämpft werden, bevor sie nach der Marktbereinigung zugunsten der Importeure wieder in den zweistelligen Bereich anstieg (Deshommes 1992: 228f.).

Die großen haitianischen Handelshäuser passten sich den neuen wirtschaftlichen Rahmenbedingungen an, zum Schaden des Binnenhandels und der einheimischen Produktion. Statt in die Exportwirtschaft zu investieren, engagierten sie sich lieber im Import. Aufgrund der politischen Instabilität und der fehlenden infrastrukturellen Ausstattung konnte kein investitionsfreundliches Klima geschaffen werden. Montas et al. (2004: 71) sprechen von einer „Öffnung der Ökonomie ohne Orientierung".

Zur selben Zeit fand in der Dominikanischen Republik, ähnlich wie in Haiti, eine wirtschaftspolitische Umorientierung statt. Im Gegensatz zu Haiti allerdings wurde der Binnenmarkt in der Dominikanischen Republik weiterhin geschützt (Montas et al. 2004 : 72; Willmore, 1995: 529f.). In den 80er Jahren orientierten sich zahlreiche Unternehmen auf Exportproduktion um, und das Land erreichte ein hohes Exportwachstum. Der EPZ-, der Tourismus- und der Bausektor erzielten die höchsten Wachstumsraten.

Die Dominikanische Republik profitierte auch von der fehlenden lokalen Industrie in Haiti. Die rückläufige Produktion in Haiti von Gütern für den eigenen Markt verschaffte der dominikanischen Industrie einen wachsenden Absatzmarkt. 1986 lagen die Exporte der Dominikanischen Republik nach Haiti bei unter 10 Mio. US-Dollar, 2002 schon bei ca. 100 Mio. US-Dollar. Innerhalb von sechs Jahren vervierfachte sich die dominikanischen Exporte nach Haiti und diversifizierten sich auf 500 Produkte (Montas et al. 2004 : 72). Haiti war nach Angaben der Welthandelsorganisation (WTO 2007b: 52) im Jahr 2006 der drittwichtigste Handelspartner der Dominikanischen Republik nach den USA und der EU.

Da der Binnenmarkt der Dominikanischen Republik größer ist als der haitianische und die Produktivkraftentwicklung weiter fortgeschritten ist, ist Massenproduktion (d. h. zu niedrigen Stückpreisen) möglich. Die Massenproduktion ermöglicht wiederum das Vordringen auf dem haitianischen Markt mit Gütern zu wettbewerbsfähigen Preisen, die in Haiti wenig Konkurrenz vorfinden, da dort die Produktivkraft geringer entwickelt ist und die Produktionskosten höher sind. Das Vordringen der dominikanischen Produkte wird durch den Abbau der Zölle und das Fehlen von Kontrollen (z. B. Qualitätskontrollen) begünstigt. Die Überweisungen der haitianischen Diaspora schaffen in Haiti die notwendige Kaufkraft und damit den Markt für die dominikanischen Produkte. Dazu kommt, dass sich durch die Abwertung der Landeswährung die Importe aus Nordamerika und Europa verteuern und die haitianischen Importeure die Importe verstärkt aus Lateinamerika und der Karibik beziehen. Dabei ist die Dominikanische Republik aufgrund der geringen Transportkosten besonders wettbewerbsfähig (Orozco 2006: 5f.).

Die politische Instabilität während der 90er Jahre und bis 2004 lenkte Investitionen von Haiti auf die Dominikanische Republik um. Haitianische Arbeitsmigranten strömten in die boomenden Wirtschaftssektoren der Dominikanischen Republik (Bau, Tourismus), weil dort Kapital vorhanden war und investiert wurde und somit Nachfrage nach Arbeit entstand. Die Dominikanische Republik profitiert von und leidet zugleich unter der haitianischen Dauerkrise (Montas et al. 2004: 77ff.).

Während also in Haiti die von den internationalen Finanz- und Entwicklungsinstitutionen in Gang gesetzte „Öffnung der Ökonomie ohne Orientierung" (Montas et al. 2004: 71) bestehende klein- und mittelständische Unternehmensstrukturen geschwächt und Binnenmärkte vernichtet hat, konnte in der Dominikanischen Republik durch eine behutsamere Wirtschaftspolitik eine erfolgreiche exportorientierte Industrialisierung unter Beibehaltung ihrer Binnenmärkte in die Wege geleitet werden. Damit setzt sich eine ungleiche Entwicklung fort, die mit der Intervention der USA zu Beginn des 20. Jahrhunderts in die Wege geleitet worden war. Die Industrialisierung in der Dominikanischen Republik vollzog sich seither unter Einsatz der billigen Arbeitskraft aus Haiti, das selbst keine selbständige wirtschaftliche Entwicklung vollziehen und keine weiteren Standortgunstfaktoren ausbilden konnte und dessen einziger komparativer Kostenvorteil bis heute die preiswerte Arbeitskraft blieb.

4.3 Die Rahmenbedingungen für Wirtschaftswachstum und Entwicklung

Mit Blick auf die unterschiedliche Entwicklung der beiden Länder spricht Théodat (2004: 40) von einer doppelten Insularität. Nicht nur, dass sich die beiden Länder aufgrund der genannten sozialen und ökonomischen Kennzahlen unterscheiden. Signifikant unterscheidet sich auch die Ausstattung beider Länder mit den für die wirtschaftliche Entwicklung entscheidenden Faktoren. Unternehmen treffen für jedes Segment der Warenkette eine Standortentscheidung, die den angemessenen Produktionsfaktoren eines Segments entspricht und den Organisations- und Technologieansprüchen des einzelnen Warenkettensegments genügt. Das heißt, das Kalkül der Unternehmen besteht darin, räumliche Unterschiede in den Output- und Inputbedingungen zu nutzen (Dicken & Lloyd 1999: 246).

Growth Competitiveness Index (GCI)

Der Growth Competitiveness Index (GCI) des World Economic Forum (WEF) zeigt kritische Rahmenbedingungen für potentielle wirtschaftliche Unternehmungen auf und analysiert das Potential einzelner Volkswirtschaften, mittel- und langfristig ein ausgeglichenes Wirtschaftswachstum zu erreichen. Untersucht werden Determinanten des wirtschaftlichen Wachstums und von Entwicklung in drei Kategorien: Makroökonomische Rahmenbedingungen, Qualität öffentlicher Institutionen und Stand der Technisierung. Haiti nahm im Bericht von 2003/2004 unter 102 untersuchten Volkswirtschaften den letzten, die Dominikanische Republik den 62. Rang ein (WEF 2004). In den Berichten der folgenden Jahre wird Haiti nicht mehr aufgeführt, die Dominikanische Republik belegte 2007/2008 den 96. Rang unter 131 verglichenen Volkswirtschaften, hat also nach den Maßstäben des World Economic Forum etwas an Wettbewerbsfähigkeit eingebüßt (WEF 2008). Korruption, das Steuersystem und mangelnde Innovationsfähigkeit gehen aus den Berichten als die wichtigsten Gründe hierfür hervor.

Standortbedingungen und Constraints des Wachstums in Haiti

Als größte Investitionshemmnisse wurden in einer Befragung unter in Haiti tätigen Unternehmen (World Bank 2006b:14) die fehlende Infrastruktur, der schwierige Zugang zu Finanzierung, die komplizierte Bürokratie, die politische Instabilität und der Mangel an ausgebildeten Fachkräften genannt.

- **Politische Stabilität** ist eine wichtige Bedingung, um dauerhaftes Wirtschaftswachstum zu erreichen, eine qualitative Stärkung der öffentlichen Institutionen ist notwendig, um die Geschäftsbedingungen zu verbessern und den Zugang zu Basisversorgung für die Armen zu schaffen. Haiti ist seit vielen Jahrzehnten notorisch von politischer Instabilität geprägt: Auf die Diktatur der Familie Duvalier folgten 1986 bis 1990 mehrere Umstürze, die Ergebnisse der ersten freien Wahl 1990 wurden durch einen Militärputsch 1991 umgeworfen bis zur Wiedereinsetzung der legitimen Regierung 1994. Zuletzt wurde im Februar/März 2004 der Präsident gestürzt. Seit Juni 2004 hat eine UN-Mission die Aufgabe übernommen, Haiti zu stabilisieren. Während also in dieser Hinsicht die Bedingungen für die wirtschaftliche und soziale Entwicklung in Haiti problematisch sind, konnte sich in der Dominikanischen Republik seit Mitte der 90er Jahren eine mit Abstrichen stabile Demokratie entwickeln.
- **Bürokratische Hürden** bewirken, dass laut des Doing Business Report der Weltbank von 2006 mehr Zeit vergeht, bis eine wirtschaftliche Unternehmung

angemeldet ist und aufgenommen werden kann, als in vergleichbaren Ländern (in Haiti durchschnittlich 203 Tage, in der Dominikanischen Republik 75 Tage; World Bank 2006a: 122; 127). Die Abwicklung des Exports ist ebenfalls ein langwieriger Prozess in Haiti und dauert dort durchschnittlich 58 Tage, in der Dominikanischen Republik hingegen 17 Tage (World Bank 2006a: 105).

- Die institutionelle Schwäche und ein hoher Level an Bürokratie befördern die Verbreitung von **Korruption**. Im Korruptionsindex des Global Corruption Report (GCR) 2007 von Transparency International nimmt Haiti unter 163 verglichenen Ländern den letzten Platz ein (Transparency International 2007: 330).

- Die schwierigen **infrastrukturellen Rahmenbedingungen** sehen die Unternehmer in Haiti als größtes Problem, um Geschäfte zu machen. Die schlechte infrastrukturelle Ausstattung hat Einfluss auf die Produktivität von Unternehmen. Die marode Verkehrsinfrastruktur und die schlechte und teure Abdeckung mit Elektrizität erschweren die dezentrale Streuung wirtschaftlicher Aktivitäten und die Generierung von *backward linkages* in peripheren Räumen. Das haitianische Straßennetz erreicht nur ein Drittel der Länge des dominikanischen. Nur 5% des Straßennetzes sind gut Instand gehalten (World Bank 2006b: 17).

- Nur 10% der Bevölkerung sind legal ans **Stromnetz** angeschlossen. Außerhalb der Hauptstadt ist der Anteil noch geringer. Strom steht täglich nur für ein paar Stunden zur Verfügung. Stromausfälle gehören zur Normalität, deswegen müssen Unternehmen auf private Elektrizitätssysteme zurückgreifen. Die Kosten für die Elektrizität für den industriellen Sektor sind im Vergleich mit anderen Ländern entsprechend hoch (IMF 2007: 16).

- Der Mangel an (gut) **ausgebildeten Arbeitskräften** ist eine der größten Hürden für die wirtschaftliche Entwicklung. Nach dem Weltentwicklungsbericht 2006 genießen die Haitianer im Durchschnitt weniger als vier Jahre Schulbildung, 6,7 Jahre in städtischen und zwei Jahre in ländlichen Regionen. 40% der Haitianer verfügen über gar keine Schulbildung, weitere 33% lediglich über die Grundschulbildung; Zum Vergleich: In der Dominikanischen Republik liegt die durchschnittliche Zahl der absolvierten Schuljahre bei 7,5 (Word Bank 2006c: 284). Aus den gebildeteren Schichten rekrutiert sich ein bedeutender Anteil der jungen Emigranten, die auf der Suche nach Arbeit in die USA, auf die Bahamas, die Turks & Caicos Inseln oder in die Dominikanische Republik auswandern (King 2005: 159ff.) und somit dem Arbeitsmarkt in Haiti nicht zur Verfügung stehen.

Konkurrenzlos ist Haiti hingegen, was die Einschränkung von **Arbeitnehmerrechten** und die Besteuerung von Unternehmensgewinnen betrifft: Auf dem *Rigidity of Employment* Index des Doing Business Report, der im Wesentlichen die Einhaltung von Arbeitshöchstzeiten und Kündigungsschutz als „Einschränkungen" wirtschaftlicher Aktivität misst, verzeichnet Haiti lediglich 24 Punkte von 100, die Dominikanische Republik hingegen 44. Derselbe Bericht berechnet die **Steuerlast** auf Unternehmensgewinne in Haiti auf unter 32%, in der Dominikanischen Republik hingegen auf über 57% (World Bank 2006a: 122; 127).

4.4 Untersuchungsraum Ouanaminthe/Dajabon

4.4.1 Methodische Vorgehensweise

Um gesellschaftliche und wirtschaftliche Dynamiken, Einflüsse wie auch Strukturen des zu untersuchenden Raumes besser verstehen zu können, wurde im Rahmen dieser Studie über die Auswertung der Datensätze von Institutionen hinaus, eine qualitative Vorgehensweise gewählt. Durch den Einsatz qualitativer Methoden sollte ein tieferes Verständnis für die soziologischen Phänomene und Prozesse, Eindrücke und Stimmungen und Haltungen der Akteurinnen und Akteure vor Ort gewonnen werden. Zwar unterstellen Kritiker der qualitativen Sozialforschung Unwissenschaftlichkeit sowie Willkür und Subjektivität in der Auswahl der erhobenen Daten (Mayring 2002: 149f.), die keine repräsentative Darstellung aller handelnder Akteure erlauben. In Bezug auf die Fragestellung der vorliegenden Untersuchung spielt jedoch jede Meinung zu den neuen wirtschaftlich Prozessen eine wichtige Rolle. Jedes subjektive Stimmungsbild und jede Einschätzung sind aus der kontextspezifischen Umwelt entstanden und können über Multiplikatoren die betreffende Region beeinflussen.

In der Wirtschaftsgeographie findet der Akteursgruppenansatz immer mehr Eingang in die Analyse raumbezogener wirtschaftlicher Prozesse (Sedlacek 1994). Oftmals beschränken sich nach Kulke (2004: 19) die klassischen Theorien der Wirtschaftsgeographie in der Betrachtung nur auf eine Akteursgruppe. Bis auf den GPN-Ansatz berücksichtigen auch die meisten in der Studie vorgestellten Ansätze (GCC, Industrielle Distrikte, Neue Endogene Wachstumstheorie) vorwiegend die Unternehmensseite (siehe Kapitel 2). Aber nicht nur Unternehmen, auch andere Akteurinnen und Akteure bestimmen den gesellschaftlichen Rahmen wirtschaftlicher Tätigkeit mit oder sind aus ihr entstanden. Sie gehören also zu der kontextspezifischen Umwelt. Akteursgruppen lassen sich nach Kulke (2004: 18) in Unternehmer/Anbieter, Nachfrager/Konsumenten und Planer/Politiker unterteilen. Zu den drei übergeordneten Kategorien können wiederum jeweils Untergruppen gebildet werden (NGO, Gewerkschaften, IHK, Parteien). Der Akteursgruppenansatz eröffnet dadurch komplexere Erklärungsmöglichkeiten und erweitert den Wahrnehmungsraum um andere Perspektiven. Mit dieser Absicht wurden für die vorliegende Untersuchung Akteurinnen und Akteure in der Implementierungsregion Ouanaminthe nach ihren Einschätzungen bzgl. des Impacts der EPZ befragt. Diese Interviews wurden auf der Grundlage des von mir entwickelten Leitfragebogens (siehe Anhang: A 5 & A 6) (Mayring 2002: 67ff.) vor Ort durchgeführt. Folgende Akteurinnen und Akteure wurden befragt:

- Yannick Etienne und Didier Dominique (Gewerkschaft *batay ouvriyè,* Interview am 10.12., 11.12. & 16.12. 2007),
- Limbert Cruz, Victoria Lara und Ana Edith Gil (Geschäftsführung des Industrieparks CODEVI, Interview am 10.12.2007)
- Padre Regino Martinez (Aktivist der dominikanischen NGO Solidaridad Fronteriza, Interview am 8.12.2007)
- Claudia Veh (Deutsche Welthungerhilfe, Interview am 9.12.2007)

Das Ziel der Befragungen war, einen Eindruck von der derzeitig vorherrschenden Situation in der Region zu bekommen, die empirischen Studien aus anderen Ländern mit der Situation in Ouanaminthe zu vergleichen und Rückschlüsse unter Berücksichtigung der Theorien zu ziehen. Dazu wurde eine Inhaltsanalyse der Interviews durchgeführt. Um das Bild abzurunden, wurden Beobachtungen vor Ort durchgeführt. Im Vergleich aktueller Fotos mit Aufnahmen aus vergangenen Aufenthalten in der Untersuchungsregion (2001, 2004) konnten raumstrukturelle Veränderungen im Grenzraum beobachtet werden.

4.4.2 Der Grenzraum in der geographischen Diskussion

Die Grenzregion galt im System der räumlichen Arbeitsteilung lange Zeit als strukturell benachteilige Region, die im Raumgefüge ihres jeweiligen Landes eine periphere Lage einnahm. Vor allem wurden strukturelle Defizite auf die Isolation und Abkopplung der Region von den Wirtschaftszentren, auf fehlende Infrastruktur und auf das fehlende Hinterland zurückgeführt (Hansen 1986: 32ff.). In den letzten Jahren setzte ein Paradigmenwechsel ein, der das traditionelle Verständnis von der Bedeutung des Grenzraumes veränderte (Witt 2003: 14). Aktuelle Untersuchungen arbeiten vorwiegend Vorteile und verbindende Elemente der Grenzregion heraus. In der Diskussion um Globalisierung und *neue Arbeitsteilung* werden Potentiale der Grenzregionen herausgehoben. Diese gelten dabei als attraktive Handelsplätze für das grenzüberschreitende Einkaufsverhalten und bieten darüber hinaus Standortvorteile, die für Wirtschaftsaktivitäten von großer Bedeutung sein können. In Grenznähe tätige Unternehmen können beispielsweise die Infrastruktur des wirtschaftsstärkeren Landes nutzen und zugleich durch Ausnutzung von bestehenden Lohnkostendifferenzen Einsparungen bei arbeits- und lohnkostenintensiver Produktion erzielen („Nachbarschaftseffekt", Krätke 1997: 146).

Grundtypen von Grenzregionen nach Martinez

Martinez (1994) stellt eine Entwicklungssequenz von Grenzregionen dar und unterschiedliche Typologien heraus, die die sich verändernden Interaktionsformen im Grenzraum beschreiben und die maßgeblich von Gesellschaft und Politik beeinflusst werden. Dabei stellt Martinez die Frage nach dem Verhältnis zwischen den aneinandergrenzenden Staaten (Kooperation oder Konflikt) sowie nach dem Charakter der Grenze (geschlossen oder durchlässig). Wird der Grenzraum als Interaktionsraum verstanden oder verlaufen wirtschaftliche, soziale und politische Aktivitäten beider Länder isoliert voneinander? Martinez (1994: 2ff.) erschuf damit einen geeigneten Bezugsrahmen zur Beschreibung der Entwicklung von Grenzregionen (vgl. auch Grimm 1995).

- **Entfremdete Grenzregionen.** Ein alltäglicher grenzüberschreitender Austausch findet wegen ungünstiger Bedingungen nicht statt. Diese Grenzregionen sind von Konflikten (Krieg, kulturelle oder religiöse Konflikte, ethnische Rivalitäten etc.) und einer hohen Militarisierung gekennzeichnet. Interaktionen sind fast unmöglich. Ein internationaler Handel existiert nicht.

- **Koexistierende Grenzenregionen.** In diesem Fall haben die angrenzenden Staaten bestehende Grenzkonflikte „auf ein beherrschbares Maß" reduziert (Martinez 1994: 2). Eine allmähliche Stabilität der Grenze wird hergestellt. Dennoch finden kaum Interaktionen statt.

- **Kooperierende Grenzregionen.** Diese Grenzregionen sind für den Austausch von Gütern, Kapital und Menschen geöffnet. Im Idealfall befinden sich beide Seiten auf demselben wirtschaftlichen Niveau. Im Falle eines Ungleichgewichts in der wirtschaftlichen Entwicklung droht der wirtschaftlich schwächeren die Abhängigkeit von der stärkeren Seite. Bei der Ausnutzung von Komplementaritäten beider Volkswirtschaften können sich asymmetrische Abhängigkeiten verstärken oder kann sich im günstigeren Falle durch die Interaktionen ein binationales System entwickeln, das eine wirtschaftliche Annäherung beider Staaten zur Folge hätte.

- **Integrierte Grenzregionen.** Davon spricht Martinez, wenn politische Integrationsprojekte durchgeführt werden und die Grenzregion als Ganzes international und regional eingebunden ist. Auf dieser Entwicklungsstufe verfolgt jede Nation das Interesse des gemeinsamen Fortschritts durch Handel und Technologietransfer. Es gibt
keine Barrieren, die dem Austausch von Kapital, Menschen und Waren entgegenstehen könnten. Diese Stufe gilt nach Martinez (1994) als ideale Form von Interaktionen innerhalb einer Grenzregion.

4.4.3 Die Grenzregion Ouanaminte/Dajabon

Der Untersuchungsraum, die Gemeinde Ouanaminthe, liegt im Départment du Nord-
Est an der haitianischen Grenze zur Dominikanischen Republik. In dem ländlich ge-
prägten Department leben rund 300.000 Menschen, davon ein Viertel in der Gemeinde
Ouanaminthe. Im Department Nord-Est ist die Bevölkerung selbst im Maßstab von
Haiti sehr jung. Die Hälfte der Bevölkerung ist unter 18 Jahre alt. Auffällig an diesem
Department ist des Weiteren der hohe Frauenanteil an der Bevölkerung. Auf 100
Frauen kommen lediglich 89 Männer (alle Daten nach: République d'Haïti 2003). Von
den 82.500 Einwohnern der Gemeinde leben 44.000 (53%) in der Stadt Ouanaminthe.
Ouanaminthe ist durch den Grenzfluss Rivière Massacre von der dominikanischen
Grenzstadt Dajabón getrennt (siehe Tab. 11). Die Stadt Dajabón ist das Zentrum der
gleichnamigen Gemeinde im äußersten Nordwesten der Dominikanischen Republik.

Tab. 11: Ouanaminthe und Dajabón: Demographische und soziale Grunddaten

	Ouanaminthe	Dajabón
Bev. Gemeinde insgesamt	82.500	62.000
davon städtische Bevölke-rung	44.000	16.000
Bevölkerungsdichte (Ein-wohner/km²)	347	61
Bevölkerung unter 18 Jah-ren (Anteil an Gesamtbevöl-kerung)	50,4%	46%
Analphabetenquote	49, 5%	22%

Quelle: République d'Haïti (2003); Poschet el Moudden (2006)

Die Grenzregion Ouanaminthe/Dajabón galt lange Zeit in beiden nationalen Kontexten
als periphere Region ohne nennenswerte Wirtschaftimpulse. Obgleich Dajabón im
Verhältnis zu anderen Gemeinden in der Dominikanischen Republik in der wirtschaftlichen und sozialen Entwicklung weit zurückliegt, schlägt das Gefälle zwischen den
beiden Grenzgemeinden stark zuungunsten von Ouanaminthe aus.

Die sozialen und wirtschaftlichen Disparitäten zwischen den Gemeinden Dajabón und Ouanaminthe finden ihren Ausdruck in der einseitig ausgerichteten Arbeitsmigration von Haiti in die Dominikanische Republik, dem Einkommensgefälle und der unterschiedlichen wirtschaftlichen und infrastrukturellen Ausstattung. Damit entspricht die Situation im Grenzraum auf insgesamt niedrigerem Niveau dem Verhältnis zwischen Haiti und der Dominikanischen Republik im Allgemeinen (siehe Kap. 4.2.).

Karte 3: Die Gemeinden Ouanaminthe und Dajabon

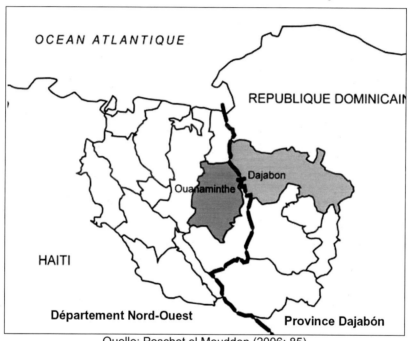

Quelle: Poschet el Moudden (2006: 85)
(andere Darstellung zu Bevölkerungsverteilungen nach Gemeinden siehe Anhang: A 4)

Zu den sozialen und wirtschaftlichen Disparitäten kamen in der Geschichte der beiden Nachbarstaaten politische Spannungen und kulturelle Vorurteile hinzu, die sich auch im schwierigen Verhältnis zwischen den Bewohnern der beiden Nachbarstädte niederschlugen. Im 19. Jahrhundert hatte der junge Staat Haiti mehrere Jahre lang den spanisch besiedelten Ostteil der Insel (die spätere Dominikanische Republik) besetzt gehalten (Théodat 2003: 123ff.). Ouanaminthe und Dajabón hatten in den militärischen Auseinandersetzungen die Funktion von Frontstädten inne. Die Dominikanische Republik gründete sich in der Separation von Haiti. Die Abgrenzung von Haiti ist somit ein konstituierendes Element der nationalen Identität der Dominikanischen Republik, wie auf der Konferenz „Jacques Roumain et la République Dominicaine" am 11. Juli 2007 an der Université de l'Etat d'Haïti in Port-au-Prince von Wissenschaftlern und Vertretern von im Grenzraum aktiven NGOs herausgearbeitet wurde.

Darauf aufbauend gelang es dem dominikanischen Diktator Rafaél Trujillo ab 1930, seine Herrschaft durch eine systematische anti-haitianische Propaganda auszubauen, die sich vor allem gegen die haitianischen Arbeitsmigranten in der Dominikanischen Republik richtete und zu dem Massaker von 1937 führte, als in der nordwestlichen Grenzregion zu Haiti bis zu 20.000 Haitianer getötet wurden.

Es gab aber immer auch solidarische Verbindungen zwischen beiden Völkern, etwa im gemeinsamen Kampf gegen die US-Besatzung nach 1915 oder im Kampf gegen die Diktatoren Duvalier und Trujillo in den 60er Jahren. Von einem Beispiel praktischer Solidarität zwischen den Menschen auf beiden Seiten der Grenze berichtete der jesuitische Pater Régino Martinez von der in Dajabón ansässigen NGO Solidaridad Fronteriza: Auf der dominikanischen Seite der Grenzregion kämpften 1989/1990 die Bauern um Land und für eine Agrarreform. Elf Monate lang besetzten sie Ländereien. Die Jesuiten – darunter Padre Regino Martinez – unterstützten sie. Schließlich wurde erreicht, dass im Rahmen einer – wenn auch unzureichenden – Agrarreform den Bauern und ihren Vereinigungen Landtitel zugesprochen wurden. In ihrem elfmonatigen Kampf erhielten die dominikanischen Bauern Unterstützung der haitianischen Bauern auf der anderen Seite der Grenze. Die Haitianer beteiligten sich an Landbesetzungen in der Dominikanischen Republik boten den kämpfenden dominikanischen Bauern ein sicheres Rückzugsgebiet hinter der Grenze. Dafür revanchierten sich die Dominikaner später mit der Überlassung eines Traktors und andere praktische Hilfeleistungen.

4.4.4 Wirtschaftliche und soziale Aktivitäten im Grenzraum Ouanaminthe und Dajabon und soziokultureller Kontext

Lagebeziehungen

Ouanaminthe liegt 75 km östlich von Cap-Haïtien, der zweitgrößten Stadt Haitis und dem wichtigsten Handelsplatz des haitianischen Nordens. Mit Cap-Haïtien ist Ouanaminthe durch eine schlecht instandgehaltene Nationalstraße verbunden. In nordwestlicher Nachbarschaft zu Ouanaminthe liegt die Hafenstadt Fort-Liberté, deren Hafen in den letzten 10 Jahren überwiegend außer Betrieb gewesen war.

Landwirtschaft und Gewerbe

Nordwestlich an die Stadt Ouanaminthe grenzt die fruchtbare Ebene von Maribaroux, eine Alluvialebene, an. Sie umfasst rund 10.000 ha auf den Gemeinden Ouanaminthe und Ferrier (Mathelier et al. 2004: 109). Die Ebene wurde zur Zeit der französischen Kolonie für Zuckerrohranbau genutzt. Nach der Unabhängigkeit 1804 und der damit verbundenen Auflösung der meisten Plantagen erfolgte hier wie auch im übrigen Haiti der Niedergang der Zuckerindustrie und kleinbäuerliche Strukturen griffen Raum. Während der Zeit der US-Besatzung richtete das US-amerikanische Konsortium Haytien-American Development Corporation auf dem Territorium der Gemeinden Ferrier, Fort-Liberté und Terrier Rouge (alle nördlich und nordwestlich von Ouanaminthe gelegen) eine 8.000 ha große Sisal-Plantage mit einer Fabrik und einem eigenen Hafen ein. 1986 schloss die Plantage, die in den 30er bis 50er Jahren Anziehungspunkt für Arbeitssuchende aus ganz Haiti und aus der Dominikanischen Republik gewesen war (King 2005: 112ff.). Heute überwiegt der kleinbäuerliche Anbau von Reis bzw. Mischkulturen aus Mais, Erdnüssen, Bohnen und Maniok.

Im haitianischen Nordosten hat sich seither kein formelles klein- und mittelständiges Gewerbe mehr etabliert. In der Hauptstadt des Departements, Fort-Liberté, war 2001 kein einziges Unternehmen registriert. Es existierte keine Industrie- und Handelskammer (Information der *Direction Départementale* des haitianischen Planungsministeriums, vgl. King 2005: 119).

Trotz der regionalen Ungleichgewichte zwischen beiden Ländern und trotz Vorurteilen auf beiden Seiten, die sich aus der wechselhaften Geschichte des haitianisch-dominikanischen Verhältnisses speisen, bildeten sich in den letzten Jahren neue grenzüberschreitende Beziehungen auf der Basis beidseitiger ökonomischer Interessen heraus (Poschet el Moudden 2006: 6). Der Grenzraum wird zunehmend in den haitianischen-dominikanischen Handel eingebunden. Darüber hinaus ist der Grenzraum Schauplatz zahlreicher Projekte von NGOs. Welche Ursachen und welche Bedeutung für den strukturellen Wandel der Region diese neue Verflechtungen haben, soll im Folgenden dargestellt werden.

Binationaler Handel

Bereits seit 1980 fand ein kleiner informeller Handel zwischen den Städten Ouanaminthe und Dajabon statt (v.a. gebrauchte Kleidung, Schuhe). Der Markt war bis 1990 in der haitianischen Stadt Ouanaminthe angesiedelt. Während des von der UN gegen

Haiti verhängten Embargos von 1992-1994 wurden die Grenzen geschlossen, wovon der Schmuggel profitierte. 1994 wurde der binationale Markt in Dajabón eingerichtet und formalisiert, das heißt: Die Stellflächen wurden markiert und zugewiesen, Steuern seit 2004 direkt durch den Staat erhoben (Poschet el Moudden 2006: 125). Der Markt findet zweimal pro Woche statt und ist seit 1994 stetig gewachsen. An den Markttagen (Montag und Mittwoch) wird die ansonsten von dominikanischer Seite streng bewachte Grenze geöffnet, dass Haitianerinnen und Haitianer ungehindert Zugang zum Marktplatz von Dajabón haben. Dominikanische Soldaten bewachen dann die Ausfallstraßen aus Dajabón, um zu verhindern, dass die Haitianerinnen und Haitianer in andere Regionen weiterreisen. An den Markttagen kommen Menschen aus dem gesamten haitianischen Norden und aus dem dominikanischen Nordwesten nach Dajabón angereist, um einzukaufen oder zu verkaufen. 8.000 Menschen überqueren an einem Markttag die Grenze. Schätzungen zufolge werden an einem einzelnen Markttag Waren im Wert von ungefähr 1 Mio. US-Dollar umgesetzt (Poschet el Moudden 2006: 69). Der Warenaustausch an den Markttagen zieht zahlreiche weitere wirtschaftliche Aktivitäten im Dienstleistungsbereich nach sich wie Transport, Gastronomie, Telekommunikation und Finanzaktivitäten (Poschet el Moudden 2006: 126f.).

Projekte zur Stärkung der Infrastruktur im Grenzgebiet

Die wirtschaftliche Bedeutung des binationalen Marktes für die Grenzregion ist insbesondere vor dem Hintergrund allgemein schwach entwickelter wirtschaftlicher Aktivitäten in der Region hoch zu bewerten. Zugleich wird der informelle Charakter und das Ausgreifen des Marktes vom Marktplatz auf die angrenzenden Straßenzüge bemängelt. Diesen beiden Umständen trägt ein Projekt der Europäischen Union Rechnung, in dessen Rahmen ein neuer überdachter Standort für den Markt am Ufer des Grenzflusses, am Rande von Dajabón errichtet wird. Die Bauarbeiten dazu sind bereits im Gange (siehe Abb. 5 und 6).

Abb. 5 und 6: EU- Projekte im Grenzraum (Brückenbau und neuer Markt)

Fotos: Alexander King, 2007

Die NGO Solidaridad Fronteriza, die soziale Integrationsprojekte in der Grenzregion durchführt, kritisiert, dass auch der neue binationale Markt – wie schon der alte – nur auf der dominikanischen Seite der Grenze installiert wird. Auf diese Weise wären die Haitianer, die sich an dem Markt beteiligen wollen, weiterhin gezwungen, die Grenze zur Dominikanischen Republik zu überqueren und dabei die Erniedrigungen und Nötigungen durch das dominikanische Militär zu ertragen. Die Korruption bliebe als Problem bestehen, so Padre Régino Martinez (Interview am 8.12.2007). Weiterhin würde lediglich die Gemeinde Dajabón direkt vom binationalen Markt profitieren, etwa durch die Bereitstellung bestimmter mit dem Markt verbundener Dienstleistungen (Gastronomie etc.) und durch die Steuereinnahmen. Solidaridad Fronteriza fordert – übereinstimmend mit der Gemeinde Ouanaminthe –, dass der Markt auch im geografischen Sinne binational sein, also in beiden Gemeinden stattfinden müsse. Ebenfalls mit Mitteln der EU wird auf haitianischer Seite ein Straßenbauprojekt durchgeführt. Die Straße von Cap-Haïtien nach Ouanaminthe wird ausgebessert. Seit Beginn der Bauarbeiten im Jahr 2006 bis Ende 2007 wurde der schlechte Zustand der Straße bereits zu zwei Dritteln behoben. Die Fahrtzeit hat sich dadurch von über zwei auf anderthalb Stunden verkürzt. Die Straße soll außerdem in Ouanaminthe bis zum Grenzfluss Rivière Massacre verlängert werden. Dort wird eine neue Brücke über den Fluss gebaut, die auf dominikanischer Seite zum neuen Marktplatz für den binationalen Markt führt.

Karte 4: Lagebeziehungen und Infrastrukturprojekte im haitianischen und dominikanischen Norden

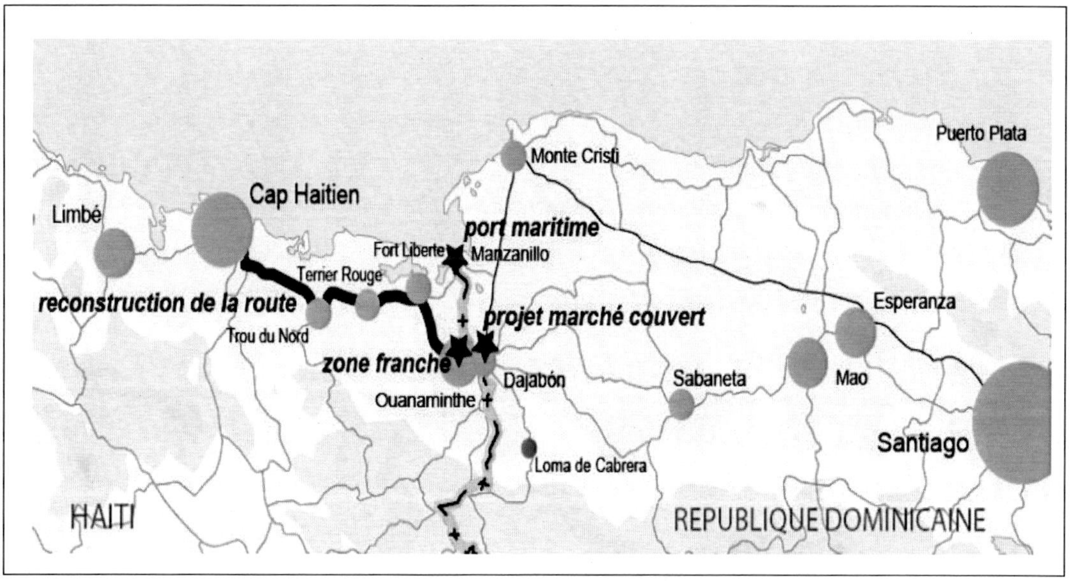

Quelle: Poschet el Moudden (2006: 83)

Ein weiteres Infrastrukturprojekt, das ebenfalls auf die Anbindung der Grenzregion an den internationalen Warenverkehr abzielt, ist der Ausbau des dominikanischen Hafens Manzanillo, nördlich von Dajabón. Dieses Projekt wird unter Beteiligung privater ausländischer und lokaler Investoren finanziert. Derzeit erreicht die Mehrzahl der Importe in die Dominikanischen Republik den Hafen Santo Domingo. Die Kosten für die Beförderung eines Containers nach Dajabón belaufen sich auf 1.200 US-Dollar, während für den Transport von Manzanillo lediglich 100 US-Dollar anfielen. Kritiker wenden ein, dass der Ausbau des Hafens in Manzanillo nicht in ein strategisches grenzübergreifendes Entwicklungsprojekt eingebunden ist (Poschet el Moudden 2006: 82, siehe Karte 4). Nach Aussagen von Interviewpartnern ist auch der Ausbau des Hafens von Fort-Liberté geplant, der nur 20 km von Ouanaminthe entfernt liegt.

Projekt der Welthungerhilfe

Die Entwicklungsorganisation Deutsche Welthungerhilfe engagiert sich in der Ebene von Maribaroux mit einem Bewässerungsprojekt auf ca. 350 ha Land. Das Projekt hat zum Ziel, das agrarischen Output zu steigern und perspektivisch auch zu diversifizieren. Bislang wird v. a. Reis angebaut, der aber sehr wasserintensiv ist. Stattdessen soll künftig verstärkt auf den Anbau von Gemüse gesetzt werden. Bislang wird die Bewässerung durch die Bauern mit sehr einfachen und wenig nachhaltigen Mitteln vorgenommen. Häufige Veränderung des Flussbetts, hoher Wasserverlust und ungleiche Verteilung des zur Verfügung stehenden Wassers sind die Folgen. Es wurde vorgeschlagen, die Zusammenarbeit mit einem Projekt in der Dominikanischen Republik zu suchen, in dessen Rahmen Bio-Bananen vertrieben werden. Anstoß zu dem Projekt gab die Anfrage von Bauernorganisationen aus Ferrier. Insgesamt sind bislang ca. 50 *Groupements*[5] in die Vorbereitung der Implementierung involviert. Finanzgeber des Projekts sind die EU und die Interamerikanische Entwicklungsbank (BID). Das Projekt der Welthungerhilfe könnte ein Baustein für ein künftiges grenzübergreifendes Strategieprogramm werden (Informationen und Einschätzungen: Mitarbeiterin der Deutschen Welthungerhilfe, Interview am 9.12.2007).

---

[5] Groupements (kreol. Gwoupman) = Organisationen von Kleinbauern.

5. Die Exportproduktionszone in Ouanaminthe

Das am weitesten fortgeschrittene Projekt im Grenzraum und zugleich Bezugspunkt der übrigen Projekte (Infrastrukturprojekte, siehe oben) ist die Exportproduktionszone am Grenzfluss Rivière Massacre, am Rand der Ebene von Maribaroux. Die EPZ wird von der CODEVI (Compagnie Développement Industrielle) betrieben, einem Tochterunternehmen des dominikanischen Bekleidungsherstellers Grupo M, und entstand mit Kreditförderung der International Finance Corporation (IFC), einer Bank der Weltbank-Gruppe, die private Investitionen in Entwicklungsländern unterstützt .

5.1 Vergünstigungen für Unternehmen in den Exportproduktionszonen

Die Kritik an der Einrichtung der Exportproduktionszone bezog sich auf die den dort investierenden Unternehmen gewährten Vergünstigungen und Sondergenehmigungen. Die Gewerkschafterin Yannick Etienne bezeichnet die EPZ als „rechtsfreien Raum" (Interview vom 11.12.2007).

Die Botschaft von Haiti in den USA (2008: www.haiti.org/business&opportunity) wirbt im Internet mit den günstigen Investitionsbedingungen und Steuerbefreiungen um potentielle Investoren. Um in den Genuss dieser Vergünstigungen zu kommen, wird von den Unternehmen die Erfüllung von mindestens einem der folgenden Kriterien verlangt:

1. intensive und effiziente Verwertung lokal vorhandener Ressourcen *oder*
2. Schaffung neuer Arbeitsplätze und die Verbesserung des qualifizierenden Levels *oder*
3. Einführung oder Ausweitung neuer Technologien, angepasst an die lokalen Bedingungen *oder*
4. Schaffung oder Intensivierung von *backward* oder *forward linkages* im industriellen Sektor *oder*
5. exportorientierte Produktion *oder*
6. Nutzung lokalen Inputs im Umfang von mindestens 35% der Produktionskosten *oder*
7. Re-export importierter, vor Ort zusammengesetzter Produkte (Fertigungsindustrie).

Da die EPZs entsprechend ihrem Charakter (siehe Kap. 2.3) zwangsläufig immer eines dieser Kriterien erfüllen (exportorientierte Produktion), erlangen EPZs die Steuerbefreiung, ohne die weiteren, auf die Entwicklung der lokalen Wirtschaft bezogenen Punkte zu berücksichtigen. Die Unternehmen in den EPZs profitieren in Haiti von einer 15-jährigen Steuerbefreiung. Nach 15 Jahren werden die Steuern in mehreren Stufen über sechs Jahre auf das nationale Niveau angehoben.

5.2 Ortsbegehung: CODEVI

Der Weg zur EPZ führt zu Fuß 15 Minuten lang an den Baustellen der EU-Projekte (siehe Kap. 4.4.4) vorbei nach Norden. Der Industriepark liegt am östlichen Ufer des Flusses Rivière Massacre, aber auf haitianischem Staatsgebiet. Der Werkzaun von CODEVI bildet zugleich die Staatsgrenze. Beim Betreten des Werkgeländes von der dominikanischen Seite aus überquert man zugleich die Grenze und betritt haitianischen Boden. Es sind aber keine haitianischen Hoheitsträger zu sehen, ausschließlich dominikanisches Wachpersonal und Militär, die die Papiere des Besuchers kontrollieren. Es scheint, dass der haitianische Staat mit der Einrichtung der Freihandelszone die Hoheit über das Terrain in Teilen abgegeben hat.

Das Gelände wirkt gepflegt, die Einrichtungen neu (siehe Abb. 7 und 8). Nach außen hin entsteht der Eindruck von Geräumigkeit und Modernität. In den Fabrikhallen jedoch herrschen Enge und hektische Betriebsamkeit. Das Management und Öffentlichkeitsarbeit der EPZ liegt in den Händen von dominikanischen Angestellten der Grupo M, während die Arbeit an den Nähmaschinen von Haitianern, zu über 60% Frauen, geleistet wird. Bislang stehen auf dem Werksgelände zwei Fabrikhallen, die Errichtung einer zusätzlichen Halle ist geplant. Außerdem gibt es ein Ausbildungszentrum, in dem alle neuen Arbeiter fünf bis sieben Wochen lang die für ihre Arbeit notwendigen Fertigkeiten sowie „Verhaltensregeln" lernen (Geschäftsführung, Interview vom 10.12.2007). Eine Krankenstation mit einem haitianischen Arzt und einem Zahnarzt, eine Mensa sowie einige Verwaltungsgebäude komplettieren den Park (siehe Abb. 9). Der Industriepark verfügt über eine eigene Wasser- und Elektrizitätsversorgung.

Abb. 7 und Abb. 8: Moderne Fabrikhalle der EPZ in Ounaminthe/ Werkzaunsgrenze

Fotos: Alexander King, 2007

Abb. 9: Das Werksgelände von CODEVI – Einrichtungen und Funktionen

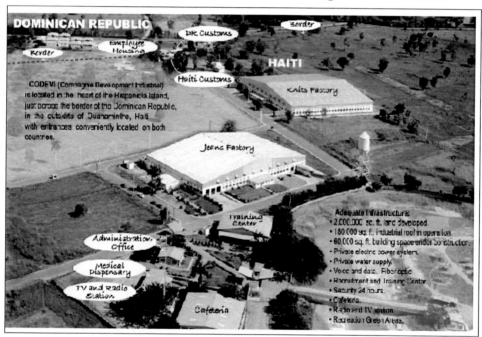

Quelle: Darstellung von Grupo M/CODEVI (2008b: www.groupom.com.do,)

5.3 Das niedergelassene Unternehmen: CODEVI/Grupo M

5.3.1 Industrietyp und Produktionssystem von Grupo M

Der dominikanische Bekleidungshersteller Grupo M wurde 1986 gegründet. Derzeit ist Grupo M der größte Arbeitgeber in der Dominikanischen Republik mit 12.000 Beschäftigten in 22 Werkstätten und der größte Bekleidungshersteller im gesamten karibischen

Raum. Grupo M ist Zulieferer und Unterauftragsnehmer zahlreicher US-amerikanischer Markenhersteller wie Levi's, Tommy Hilfinger, Liz Claiborne oder Polo sowie der Einzelhandelskette Wal-Mart.

Bei der Organisationsform der Produktion handelt sich, wie bei den meisten Bekleidungsindustrien, um eine abnehmergesteuerte Warenkette (*buyer-driven commodity chain*), die sich durch ein mehrstufiges Zuliefernetzwerk und durch die Dominanz der Leitfirmen auszeichnet (siehe Kap. 2.1.1). Nach Angaben des Unternehmens und gemäß einer Studie der Fair Labor Association (FLA 2007: 11ff.) ist Grupo M das einzige Unternehmen der Dominikanischen Republik, das in seiner Entwicklung im Bekleidungssektor zu einem *full package supplier* aufgestiegen ist. Damit gelang Grupo M, anders als seinen karibischen Konkurrenten, die Anpassung an die neuen Anforderungen der Leitfirmen (siehe Kap. 3.1.1). Außer auf die standardisierten Massenanfertigungen konzentriert sich das Unternehmen in der Dominikanischen Republik auf flexible Produktionsprozesse und höherwertige, vor- und nachgelagerte Produktionsschritte. Es bietet den Leitfirmen die eigene Entwicklung von Produkten, die eigenständige Auswahl und den Bezug von Ausgangsmaterialien sowie die Übernahme von Zuschneiden, Nähen, Verpacken und Etikettieren an. Grupo M bezeichnet sich selbst als *"creators of values"* und wirbt auf der Homepage (Grupo M 2008a: www.gruopom.com.do) mit seiner Fertigungstiefe (vertikale Integration innerhalb der EPZs). Darüber hinaus reagiert es auf flexible Nachfragestrukturen und die von den Leitfirmen gewünschten schnellen Lieferzeiten bei schlanken Produktionsprozessen (*lean production*). Die dominikanischen Bekleidungshersteller produzierten lange unter den bestehenden Handelsabkommen CBI/*production sharing programme* (siehe Kap. 3.2), die nur Anreize boten, gelieferte Vorprodukte aus den USA zusammenzunähen und zu re-exportieren. Grupo M konnte aufgrund seiner Größe und seiner finanziellen Stabilität zusätzlich Bekleidung herstellen, die nicht unter das CBI fiel, und erlangte dadurch neues Know-how, das es gegenüber den anderen Unternehmen konkurrenzfähiger machte.

5.3.2 CODEVI als Ergebnis von Auslagerungsprozessen

Im Zuge der Entwicklung zum *full package supplier* mit größerer Fertigungstiefe und höher qualifizierten Produktionsschritten und im Zusammenhang mit dem steigenden Lohnniveau in der Dominikanischen Republik entstand für Grupo M der Anreiz, gering qualifizierte und arbeitsintensive Produktionsschritte in ein Niedriglohnland auszulagern. Die Auslagerung nach Ouanaminthe ab 2003 wurde durch die Quotenregelung des Multifaserabkommens begünstigt und durch internationale Abkommen und Finanzinstitute unterstützt. An dem Auslagerungsstandort Ouanaminthe konnte Grupo M die unausgeschöpften Quoten von Haiti und das Lohngefälle zwischen beiden Ländern mit der auf dominikanischer Seite vorhandenen vergleichsweise guten infrastrukturellen Ausstattung nutzen („Nachbarschaftseffekt", siehe Kap. 4.4.2). Nach dem Wegfall der Quoten und mit der verschärften Konkurrenz auf dem globalen Bekleidungsmarkt (siehe Kap. 3.3.1) verstärkte sich für Grupo M die Attraktivität des preiswerten Arbeitskräfteangebots im benachbarten Haiti. Die Aussichten für den Standort Ouanaminthe am *low end* der Warenkette im globalen Wettbewerb werden von der Geschäftsführung des Tochterunternehmens CODEVI günstig eingeschätzt. Anlass zu Optimismus gebe v. a. der HOPE Act (Interview am 10.12.2007, siehe auch Kap. 3.2). Produkte der Fertigungsindustrie können aus Haiti zollfrei in die USA eingeführt werden, gleichgültig, von wo die Ausgangsmaterialien bezogen werden. Die Zollfreiheit gilt auch, wenn höherwertige Produktionsschritte in der Dominikanischen Republik durchgeführt werden, vorausgesetzt, das Endprodukt wird von Haiti aus exportiert („Ko-Produktion / *production sharing*") (siehe Abb. 10). CODEVI wünscht sich eine weitergehende Regelung (HOPE 2), die Zollfreiheit auch im Falle der Ausfuhr aus der Dominikanischen Republik gewähren soll. Mit der Ko-Produktion wird ermöglicht, das niedrige Lohnniveau in Haiti einerseits und das höhere Qualifikationsniveau in der Dominikanischen Republik andererseits im Sinne des Konzerns optimal zu verbinden.

Abb. 10: Grad der Einbindung in die Warenketten unter unterschiedlichen Handelsregimes (Ist-Zustand und Szenarien)

	Textilherstellung	Etikettieren	Zuschnitt	Nähen	Waschen	Fertigstellen	Vertrieb	Marketing	Design	Verkauf
USA allg.	▓	▓	▓	▓	▓	▓	▓	▓	▓	▓
Dom. Rep. (unter CBI)				▓						
Haiti (unter CBI)				▓						
Dom. Rep. Grupo M		▓	▓	▓	▓	▓				
Dom. Rep. Grupo M (DR-CAFTA)	▓	▓	▓	▓	▓	▓				
Haiti (unter HOPE)	▓		▓	▓	▓	▓				

Legende

Bereits vollzogene Schritte ▨   Durch neue Handelsabkommen begünstigte Schritte (noch nicht vollzogen)

Quelle: eigener Entwurf 2008

5.3.3 CODEVI als Teil von Entwicklungsstrategien

Die Einrichtung der EPZ war zunächst in ein breites bilaterales Projekt, den „Hispaniola Fund", integriert, das die langfristige Entwicklung des Grenzraums zum Ziel hatte. Ziel des Funds war die regionale und internationale Integration durch die Entwicklung des grenzüberschreitenden Tourismus, die Stärkung des regionalen Handels, Bildungsprogramme und die Einbindung der Region in globale Warenketten (ICFTU 2003: 6; 2004: 31). Der Plan beinhaltete, anknüpfend an den vorhandenen regionalen Disparitäten, Wiederaufforstungsprogramme, den Bau eines Staudamms zur Elektrizitätsgewinnung, die Weiterentwicklung der Verkehrsinfrastruktur (Ausbau von Häfen und grenzüberschreitende Straßen), die Errichtung von EPZs und die Entwicklung von kleineren und mittleren Unternehmen entlang beider Seiten der Grenze (DR 1 – Dominican Republic News, 6. März 2002).

Die haitianisch-dominikanischen Verträge zum Hispaniola Fund wurden nicht im Parlament diskutiert. Dieser Umstand und die Einrichtung einer Exportproduktionszone stießen in der haitianischen Öffentlichkeit auf Kritik. Dies umso mehr, weil die Exportproduktionszone der einzige Teil des Funds war, der tatsächlich umgesetzt wurde, während die struktur- und entwicklungspolitischen Begleitmaßnahmen nicht in Angriff genommen wurden (Haïti Progrès 2008: http://www.haitiprogres.com).

Die EPZ wurde mit Hilfe eines Kredits der IFC über 20 Mio. US-Dollar finanziert. Der Kredit war an die Bedingung geknüpft, dass der Konzern Versammlungsfreiheit und Tarifverhandlungen der Arbeitnehmer akzeptiert. Die IFC finanziert laut Projektbeschreibung die Einrichtung der EPZ mit dem Ziel, dass weitere Investitionen seitens des Unternehmens folgen (IFC 2007: http://www.ifc.org). Die Entwicklung der EPZ soll nach Angaben der IFC schrittweise ablaufen. Die ersten drei Fabrikhallen (siehe Kap. 5.2) entstanden auf einem Areal von 150.000 m² von insgesamt verfügbaren 500.000m². In dieser ersten Phase war auch der Ausbau einer internen sozialen Infrastruktur (Schulungsräume, medizinische Versorgung und Kantinen) vorgesehen. Dieser Forderung kam CODEVI weitgehend nach. Allerdings wurde die Kantine nicht in Betrieb genommen. Stattdessen verpflegen sich die Arbeiterinnen und Arbeiter bei den informellen Essensständen, die Händlerinnen zur Mittagszeit vor den Werkstoren aufbauen. 60 Prozent des Gehaltes müssen für Essen ausgegeben werden – oftmals nehmen die Arbeiterinnen und Arbeiter Kredite bei den Händlerinnen auf und verschulden sich damit zusehends.

Nach Abschluss der ersten Phase sollten laut IFC 1.500 Arbeitsstellen geschaffen werden. Die weitere Entwicklung der Exportproduktionszone hängt von der Nachfrage von weiteren Investoren ab. Die zweite Phase sieht den Bau von 11 Fabrikgebäuden vor. Im optimistischsten Fall könnte das Areal sogar 40 Fabrikeinheiten mit bis zu 20.000 Beschäftigten aufnehmen. Dadurch würden, so die Kalkulation der IFC, indirekt weitere Zehntausende Arbeitsplätze in der Umgebung der EPZ geschaffen.

Auch die oben genannten Projekte der Europäischen Union sowie der Hafenausbau in Manzanillo und Fort-Liberté können der – zumindest indirekten – Unterstützung der EPZ zugeordnet werden. Die zu erwartenden wirtschaftlichen Aktivitäten in den vergrößerten Häfen und auf der Nationalstraße von Ouanaminthe nach Cap-Haïtien stehen insofern im Zusammenhang mit dem Handelsregime des HOPE Act und der EPZ, als sie auf die Zunahme der regionalen und internationalen Integration der Grenzregion abzielen.

Als weiteres Motiv für die Unterstützung der EPZ durch die politischen Entscheidungsträger dient die Argumentation, dass dadurch eine Pufferzone entstünde, die die Migration von Haiti in die Dominikanische Republik umlenken und abfedern soll (Martin et al. 2002: 573ff.).

CODEVI startete die Produktion im Jahr 2003. Ende 2007 waren rund 2.000 Haitianerinnen und Haitianer in der EPZ beschäftigt (laut Geschäftsführung im Interview am 7.12.2007). Nach Angaben der Unternehmensleitung wird der Einstieg in höherwertige Produktion (Anzugshosen) vorbereitet. Entsprechende Qualifizierungsprogramme laufen an. Da der HOPE Act auch Lederwaren einschließt, prüft CODEVI außerdem den Einstieg in die Produktion von Schuhen. Außerdem will CODEVI seinen Park für andere Konzerne öffnen, die dann gegen Gebühr die Einrichtungen nutzen können.

5.4 Auswirkungen der Implementierung der EPZ auf den Sozialraum Ouanaminthe/ Dajabon

5.4.1 Konflikte vor der Implementierung der EPZ

Als die Präsidenten Aristide (Haiti) und Mejía (Dominikanische Republik) 2002 den Grundstein für den Industriepark legten, hatten viele Menschen Hoffnung auf die Entstehung von Arbeitsplätzen und auf Entwicklungsimpulse für die Region. Andere waren skeptischer und fürchteten, dass landwirtschaftlich gut nutzbarer Boden verloren ginge. Mit dem Comité Pitobert gründete sich eine Interessenvertretung von der die Einrichtung des Industrieparks von Vertreibung bedrohten Kleinbauern der Region, der sich auch viele nicht direkt betroffene Kritiker der Freihandelszone anschlossen. Für die Bauern, die durch die EPZ ihr Land verloren, wurde staatlicherseits ein Kompensationsfonds eingerichtet, aus dem 176 Träger von Besitztiteln mit je 50.000 Gourdes (ca. 1.200 Euro) entschädigt wurden. Diese Summe wird von Kritikern als zu gering erachtet. Pächter erhielten lediglich 2.500 Gourdes. Für sie sollte außerdem ein Ansiedlungsprogramm aufgelegt werden, das bis heute jedoch nicht angelaufen ist (Damais 2004: 117).

Der Gewerkschaftsdachverband Batay Ouvriyè beteiligte sich am Kampf gegen die EPZ. Nachdem diese dennoch eingerichtet wurde, konzentrierte sich der weitere Kampf auf die Durchsetzung grundlegender Arbeitnehmerrechte in der Zone, so Yannick Etienne im Interview am 16.12.2007. Batay Ouvriyè unterstützte die Bildung einer Gewerkschaft der EPZ-Arbeiterinnen und -Arbeiter, der SOKOWA (*Sendika Ouvriye Kodevi nan Wanament*).

5.4.2 Arbeitsnehmerrechte und gewerkschaftliche Aktivitäten

Die Ausstattung der EPZ in Ouanaminthe ist moderner als die in den alten Industrieparks in Port-au-Prince. Dennoch gibt es einiges an den Arbeitsbedingungen auszusetzen. So seien die Fabrikhallen zu heiß, klagen Gewerkschaftsvertreter, und es komme vor, dass Arbeiterinnen das Bewusstsein verlieren. Außerdem gebe es kein trinkbares Wasser, da die Aufbereitungsanlage immer noch nicht funktioniere. Die ärztliche Versorgung sei ebenfalls unzureichend (Interview mit Yannick Etienne am 10.12. 2007). Die gewichtigste Kritik betrifft die Bezahlung. Der Fixlohn beträgt 548 Gourdes pro Woche (ca. 15 Euro) und kann durch Prämien aufgebessert werden. Selbst damit wird jedoch der gesetzlich vorgeschriebene Mindestlohn von 350 Gourdes (ca. 9 Euro) nicht deutlich überschritten. Das Gehalt der Fabrikarbeiter kann mit den steigenden Lebenshaltungskosten nicht Schritt halten. Gewerkschaftliche Aktivitäten wurden von der Geschäftsführung nicht gestattet und häufig mit Ausschluss bestraft.

Die politischen Unruhen in Haiti 2004 schafften eine Situation der allgemeinen Unsicherheit. Rebellen gewannen die Oberhand in Ouanaminthe und gingen teilweise gewaltsam gegen Gewerkschafter vor. Zusätzlich zu den dominikanischen Sicherheitsdiensten rückte dominikanisches Militär in die Freihandelszone ein, während haitianische Autoritäten lediglich am Ausgang aus dem Werkgelände in Richtung Ouanaminthe präsent waren. Im Juni 2004 streikten die Arbeiter gegen die niedrigen Löhne, das Verbot, einen Betriebsrat zu bilden, und die Militarisierung des Geländes. Die

Streikenden wurden massiv vom dominikanischen Militär bedroht. 350 Streikende wurden entlassen. Batay Ouvriyè initiierte eine Unterstützungskampagne für die CODEVI-Arbeiter, die internationale Dimension annahm. Die Kampagne 2004/2005 richtete sich gezielt an Levi's als Hauptabnehmer von CODEVI und an die IFC. Weltweit solidarisierten sich Gewerkschaften und politische Gruppen mit der Gewerkschaft SOKOWA, darunter United Students against Sweat-shops, Workers Right Commission, Haiti Support Group, die US-amerikanische Gewerkschaft AFL-CIO u. a. Auch die Gewerkschaft SITRA-UFM, die die Arbeiter in den dominikanischen Werken der Grupo M vertritt, unterstützte die SOKOWA. Schließlich wurde der Druck so groß, dass Grupo M einlenken musste. Im Februar 2005 wurde ein erster Tarifvertrag abgeschlossen. Darin wurde das Recht auf gewerkschaftliche Betätigung und auf einen Betriebsrat festgeschrieben. Außerdem wurde eine Gehaltssteigerung um 45% in drei Stufen vereinbart (alle Informationen nach Haiti Support Group und Batay Ouvriye, sowie basierend auf den Interviews mit Yannick Etienne und Didier Dominique). Die Arbeitnehmervertretung wird jedoch nach wie vor systematisch von Entscheidungsprozessen ferngehalten, so berichtet Yannick Etienne. Insgesamt werden viele Vereinbarungen vom Februar 2005 nicht umgesetzt. Am 30. April 2007 kam es deshalb zu einem Streik, in dessen Folge über 40 Streikende entlassen wurden.

Die meisten Arbeiter aus der Zeit des erfolgreichen Streiks seien mittlerweile unter den unterschiedlichsten Vorwänden gekündigt worden, die neuen Arbeiter müssten erst noch ein Bewusstsein für ihre Situation entwickeln, so Yannick Etienne, viele ließen sich von der Bedrohung durch Entlassung einschüchtern. Yannick Etienne kritisiert, dass 60 Prozent des Gehaltes für Essen ausgegeben werden müssten. CODEVI biete keine Verpflegung in der Mensa an, die Arbeiter seien daher gezwungen, sich in der Mittagspause bei den Händlerinnen vor den Werkstoren – oftmals auf Kreditbasis – zu versorgen.

5.4.3 Wirtschaftliche und soziale Auswirkungen der Exportproduktionszone

Der wirtschaftliche Impact von CODEVI auf die Gemeinden Ouanaminthe und Dajabón wird von der Geschäftsführung sehr positiv hervorgehoben. Mit dem an die haitianischen Arbeiter ausgezahlten Lohn entstehe Kaufkraft in Ouanaminthe. Aufgrund der hohen sozioökonomischen Verflechtung der beiden Gemeinden – insbesondere im Rahmen des binationalen Marktes (siehe Kap. 4.4.4) – profitiere auch Dajabón von der gewachsenen Kaufkraft. Durch CODEVI habe Ouanaminthe demografische und wirtschaftliche Wachstumsimpulse empfangen. Insbesondere die Bauindustrie, der Handel und das Bankenwesen boomen, so die Gesprächspartner im Interview am 10.12.2007.

Den von CODEVI behaupteten positiven Impact des Industrieparks auf die Region weisen die Gewerkschaftsaktivisten Yannick Etienne und Didier Dominique zurück. Vielmehr hätten sich die von der Geschäftsführung genannten wirtschaftlichen Aktivitäten schon zuvor im Zusammenhang mit der Grenzlage (Ouanaminthe als Umschlagplatz für dominikanische Waren) – insbesondere zur Zeit des Embargos – entwickelt. Kritiker der EPZ argumentieren, dass von der CODEVI keine Entwicklungsimpulse für die Region ausgingen. Im Gegenteil werde Ouanaminthe mit der infrastrukturellen Überlastung durch die vielen durch den Industriepark induzierten Zuzüge alleine gelassen. Durch das rasche Bevölkerungswachstum (siehe Karte 5) greife die städtische Besiedlung immer weiter auf das Maribaroux-Tal aus und vernichte dort fruchtbare landwirtschaftliche Flächen (ICFTU 2004: 30). Das schnelle und ungeordnete Wachstum der Stadt hatte mit der Entwicklung des binationalen Marktes eingesetzt und sich durch die Hoffnung auf Arbeit in der neuen EPZ verstärkt und führte zur *„bidonvilisation"* („Verslumung") von Ouanamithe, das innerhalb weniger Jahre von einer eher überschaubaren Kleinstadt zu einer der größten Städte Haitis anwuchs (siehe Tab. 12). Armut, Kriminalität und Prostitution haben deutlich zugenommen (Poschet el Moudden 2006: 105).

Tab. 12: Bevölkerungsentwicklung von Ouanaminthe im Vergleich zu anderen nordosthaitianischen Städten [6]

Stadt	Département	F 1999	VZ 2003	Rang F 1999	Rang VZ 2003
Cap Haïtien	Nord	113.600	204.000	1	1
Limbé	Nord	24.500	24.350	2	3
Hinche	Centre	16.600	23.300	3	4
Mirebalais	Centre	14.750	11.800	4	7
Trou du Nord	Nord-Est	14.100	16.400	5	5
Ouanaminthe	Nord-Est	13.400	43.800	6	2
Port Magot	Nord	11.400	6.500	7	15

Quelle: IHSI (1999; 2003)

---

[6] Vergleich der Fortschreibung von 1999 (Basis: VZ 1982) und VZ 2003. Der Vergleich zeigt, dass sich die demographische Dynamik in den letzten Jahren erheblich verändert hat, so dass davon auszugehen ist, dass die Fortschreibung von 1999 schon nicht mehr der Realität entsprach. Im Ergebnis dieser veränderten Dynamik stieg Ouanaminthe zur – nach Cap-Haïtien – zweitgrößten Stadt des Nordens und zu einer der 10 größten Städte Haitis auf. Kartographischer Überblick der einzelnen Städte siehe Anhang: A 3.

Karte 5: Flächenwachstum der Stadt Ouanaminthe von 1777 bis 2004

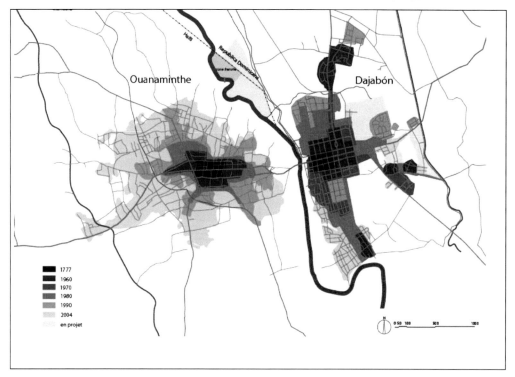

Quelle: Poschet el Moudden (2006: 105)

Bis heute hätten den ursprünglichen Ankündigungen zufolge bereits 10.000 Arbeitsplätze geschaffen werden sollen. Bei den von der CODEVI bislang geschaffenen 2.000
Stellen handelt es sich um äußerst prekäre Beschäftigungsverhältnisse. Kündigungen
werden häufig ausgesprochen. "The job creation rhetoric is propaganda," so der Wirt-
schaftswissenschaftler Camille Chalmers von der haitianischen NGO PAPDA (Platfor-
me Haïtienne de Plaidoyer pour un Développement Alternatif) im Interview mit der
britischen NGO Haiti Support Group: "They talk about jobs being created, not the jobs
that are being lost. There will be a real human cost." (Haiti Support Group 2008:
http://haitisupport.gn.apc.org).

6. Schlussfolgerung und Ausblick: Lassen sich regionale Disparitäten durch die Implementierung der Exportproduktionszone in Ouanaminthe überwinden?

Die Absicht der vorliegenden Untersuchung war es, die unterschiedlichen Charaktere von EPZs und die Bedingungen, unter welchen EPZs sich positiv auf ihr soziales Umfeld auswirken und zur Überwindung regionaler Disparitäten beitragen können, unter besonderer Berücksichtigung der Bekleidungsindustrie herauszuarbeiten. Darüber hinaus sollten die Rahmenbedingungen in Haiti und äußere Einflüsse aufgezeigt werden, die dafür maßgeblich sind, inwieweit von der neu eingerichteten EPZ im Nordosten des Landes Impulse für eine positive wirtschaftliche Entwicklung ausgehen können. Unter Berücksichtigung des theoretischen Bezugsrahmens und der daraus abgeleiteten Operationalisierung, der wissenschaftlichen Diskussion und der empirischen Erhebungen wurden folgende Thesen formuliert.

Stellt die Exportproduktionszone von Ouanaminthe ein dauerhaftes und entwicklungsfähiges Bindeglied zwischen Region und Weltmarkt dar oder eher eine Enklave ohne Verknüpfungen mit ihrer wirtschaftlichen und sozialen Umwelt?

1. Am *low end* der Warenkette der Bekleidungsindustrie sind vergleichsweise wenig *spillover* effects (Wissens- und Technologietransfer) zu erwarten.

Der Bekleidungssektor gilt generell als Industrietyp, der wenig Wissens- und Technologietransfer generiert. Der Einstieg in das *low end* der Warenkette ist mit geringem Kapitalaufwand auch in Regionen ohne günstige Infrastrukturausstattung möglich. Das einfache Zusammennähen standardisierter Massenware in den EPZs setzt keine höher qualifizierten Fertigkeiten bei den Arbeiterinnen und Arbeitern voraus. Lerneffekte auf die Belegschaft als potentielle Multiplikatoren bleiben deshalb weitgehend aus. Es besteht auch wenig Spielraum für Innovation. Bezüglich des Erwerbs und der Entwicklung neuer Kenntnisse in Management und Organisation innerhalb der Warenkette ist im konkreten Beispiel fraglich, ob CODEVI als dominikanisches Unternehmen diesen Transfer zugunsten der haitianischen Angestellten herbeiführen wird. Die höherwertigen Aufgaben innerhalb der EPZ in Ouanaminthe werden durch dominikanische Angestellte wahrgenommen; die Kompetenzen für die Entwicklung der Firmenstrategien liegen letztlich bei der Geschäftsführung des Mutterkonzerns Grupo M; die Entscheidungshoheit über die Produktangaben verbleibt weiterhin bei den Leitfirmen.

2. Der Status als Subunternehmen eines Unterauftragsnehmers verhindert die Herausbildung von *forward linkages*.

Forward linkages von CODEVI direkt zu den Leitfirmen existieren nicht, da alle Beziehungen über Grupo M vermittelt werden. Damit hat CODEVI keinen eigenen Zugang zum Markt seiner Produkte. Ein Aufstieg zu *full package* Angeboten und damit eine Stärkung der eigenen Marktposition ist deshalb unwahrscheinlich, da CODEVI keine eigenständige Firmenstrategie entwickelt, sondern selbst Ergebnis der Firmenstrategie des Mutterkonzerns Grupo M ist, die die eigene Produktion einerseits auf *full package* Angebote konzentriert, andererseits die preiswerten und wertschöpfungsgeringen Produktionsschritte in den Standort Ouanaminthe ausgelagert hat (Governance-Strukturen). In der hierarchischen Zweigwerkstruktur zwischen USA/*buyers*, Dominikanischer Republik/Unterauftragsnehmer und Haiti/Subunternehmen kommt der EPZ in Ouanaminthe unter den gegebenen Bedingungen eine Rolle zu, die häufig mit dem Ausdruck „verlängerte Werkbank" beschrieben werden kann.

3. Das Fehlen von klein- und mittelständigem Gewerbe verhindert zusätzlich die Herausbildung von *backward linkages*.

Um ein lokales Zulieferernetz zu generieren und durch externe Effekte das endogene Potential zu stützen, müsste in der EPZ auf der *Ebene der ökonomischen Aktivität* eine Weiterentwicklung von einfacher Montage hin zu OEM-Produktion (*full package production*) erfolgen. Unter dieser Bedingung könnte die EPZ den benötigten Input für die vorgelagerten und nachgelagerten Schritte aus der lokalen Wirtschaft beziehen. Bislang werden in Haiti jedoch nur standardisierte Massenwaren wie Jeans, T-Shirts und Hosen vorwiegend aus importierten, zugeschnittenen Stoffen zusammengenäht. Dafür ist kaum Input aus der lokalen Industrie notwendig. Was an Input benötigt wird (z. B. Verpackungsmaterial), wird aus der Dominikanischen Republik eingeführt.

Andererseits müssten, um *backward linkages* zur lokalen Wirtschaft bilden zu können, endogene Potentiale vorhanden sein. Im Verlauf der wirtschaftspolitischen Umstellung von der Importsubstitution zur Exportorientierung wurden insbesondere klein- und mittelständische Unternehmens- und regionale Vermarktungsstrukturen entscheidend geschwächt, gerade im Textil- und Bekleidungssektor. Potentielle Zulieferer für die EPZ sind somit nicht sichtbar vorhanden. Hinzu kommt, dass die infrastrukturellen Rahmenbedingungen in Haiti nicht geeignet sind, um eine eigenständige Entwicklung auszulösen (Engpässe in der Energieversorgung, marodes Straßennetz). Es können jedoch kaum *backward linkages* generiert werden, wenn lokale Unternehmen, sofern vorhanden, diese nicht absorbieren können. Allerdings ist eine Verflechtung mit der informellen lokalen Ökonomie zu erkennen: Davon, dass CODEVI keine Verpflegung in der Kantine anbietet, profitieren informelle Kochstellen und Händlerinnen, die sich in jeder Mittagspause vor dem Werktor auf haitianischer Seite in Stellung bringen und dabei einen beträchtlichen Teil des Lohns der Arbeiterinnen und Arbeiter abschöpfen.

4. Die Exportproduktionszone ist nicht in das soziale Umfeld eingebettet.

Im Westen durch den Fluss Rivière Massacre und im Osten durch die haitianisch-dominikanische Grenze eingeschlossen und durch die modernen Anlagen auf ihrem Gelände auch optisch deutlich von ihrer Umgebung abgehoben, verhält sich die EPZ auch sozial und ökonomisch wie eine Enklave. In einer Umgebung, die durch erhebliche infrastrukturelle Einschränkungen gekennzeichnet ist, versorgt sich die EPZ aus ihrem betriebsinternen Stromnetz. Für den Produktionsprozess und sanitäre Anlagen benötigtes Wasser wird aus dem Fluss gewonnen. Auf dominikanischer Seite ist die EPZ über eine gut ausgebaute Straße mit Santiago verbunden. Die leitenden Angestellten werden im Werksbus morgens von dort in die EPZ und abends wieder nach Santiago gebracht. Der Enklavencharakter der EPZ drückt sich bereits in ihrer Entstehung – auf der Grundlage von Geheimverträgen und ohne dass die lokale Bevölkerung miteinbezogen gewesen wäre – aus. Die Proteste gegen die Enteignung der auf dem Gelände wirtschaftenden Bauern, der Kampf um Entschädigung, die Kritik an der Vernichtung wertvollen Ackerlands und die Auseinandersetzungen um die Arbeitsbedingungen in der EPZ mobilisierten viele zivilgesellschaftliche Kräfte gegen das Projekt.

Auf der anderen Seite zieht die Errichtung der EPZ wirtschaftsbezogene Infrastrukturprojekte an, von denen auch lokale wirtschaftliche Aktivitäten und eingeschränkt auch die lokale Bevölkerung profitieren können. Die EU-Projekte (Straßen- und Brückenbau, Marktplatz) stehen in keinem direkten Zusammenhang mit der EPZ, aber sind für ihre Entwicklung förderlich, ebenso profitieren Händlerinnen von der Verkürzung der Fahrtzeiten zwischen den wichtigen Handelsplätzen. Umgekehrt wird die Bevölkerung zwar nicht vom Ausbau des Hafens von Manzanillo profitieren, aber möglicherweise von Zufahrtsstraßen oder der Nachfrage nach Arbeit und Dienstleistungen.

Eröffnet die Einbindung der Grenzregion in die globale Warenkette der Bekleidungsindustrie eine Perspektive für nachhaltige wirtschaftliche und soziale Entwicklung?

5. Die in den internationalen Abkommen (CBI und Folgeabkommen) bzw. im HOPE Act enthaltenen Bestimmungen platzieren Haiti am *low end* in der Warenkette der Bekleidungsindustrie.

Der größte Teil des haitianischen Exports wird über das Abkommen CBI und seine Folgeabkommen abgewickelt, die die Einfuhr von Fertigungswaren aus den beteiligten Staaten in die USA unter bestimmten Bedingungen zoll- und quotenfrei stellen. Diese Abkommen haben vor allem die Entwicklung der Bekleidungsindustrie in Abhängigkeit von den USA als Abnehmer gefördert. Heute stellen Bekleidungsexporte 85 Prozent des Gesamtexport Haitis. 89 Prozent der Bekleidungsexporte gehen in die USA, die umgekehrt nur 0,3 Prozent ihrer Bekleidungsimporte aus Haiti beziehen. Damit haben die Abkommen eine einseitige und vulnerable Wirtschaftsstruktur geschaffen. Weder konnte sich die Wirtschaft diversifizieren, noch konnte eine lokale und regionale Integration Raum greifen. Die Diversifizierung im Sinne eines intersektoralen Fortschreitens hinzu technologisch anspruchsvolleren, komplexeren und wissensbasierten Sektoren wäre aber Voraussetzung, um bedeutendere *spillover effects* zu generieren und der flüchtigen Standortkonkurrenz am *low end* der Warenkette entgegenzuwirken.

Durch die Herkunftsregelungen bezüglich des Inputs haben die Abkommen jedoch auch den Aufstieg innerhalb der Warenkette behindert. Erst der HOPE Act und das Abkommen DR-CAFTA haben hier zumindest die Möglichkeit für Unterauftragsnehmer geschaffen, sich die dem Nähen vorgelagerten Produktionsschritte anzueignen. Dies führt allerdings nur dann zum nachhaltigen Aufstieg eines Standorts aus dem *low end*, wenn die entsprechenden (infra-)strukturellen Rahmenbedingungen gegeben sind.

6. Das Angebot billiger Arbeitskraft als einziger wettbewerbsfähiger Standortfaktor Haitis zieht nur eine bestimmte Art von Investitionen an und verstärkt Abhängigkeitsstrukturen.

Infolge des HOPE Acts und vor dem Hintergrund des Auslaufens des Multifaserabkommens, der wachsenden Konkurrenz aus Ostasien und der damit verbundenen Umstrukturierung in der dominikanischen Bekleidungsindustrie wächst die Attraktivität des Faktors „billige Arbeitskraft" in Haiti für die dominikanischen Unternehmen. Haiti profitiert bei der Auslagerung einfacher Produktionsschritte von der Entstehung neuer formeller Arbeitsplätze. Zugleich sehen Gewerkschaften angesichts der mangelhaften

Ausstattung Haitis mit anderen Faktoren die Gefahr, dass Haiti weiterhin auf die Bereitstellung preiswerter Arbeitskraft und Fertigungsschritte niedriger Wertschöpfung im Bekleidungssektor festgelegt wird. Damit setzt sich ein historisch gewachsenes Muster fort. Das preiswerte (niedrigste Arbeitskosten im gesamten karibischen Raum) und in großer Zahl verfügbare, zugleich jedoch niedrig qualifizierte Arbeitskräftepotential lockte stets solche Investitionen nach Haiti, die nur einfachste manuelle Handarbeit in Anspruch nahmen und zugleich die Wirtschaftsstruktur einseitig dominierten (Zucker- und Sisalmonokulturen während der US-Besatzung, Exportproduktionszonen seit den 60er Jahren). Andererseits wurde das Arbeitskräftepotential der wirtschaftlichen Entwicklung der Dominikanischen Republik zur Verfügung gestellt. Die Etablierung eigenständiger wirtschaftlicher Strukturen wurde dadurch nicht befördert.

7. Kaufkraft für lokale Märkte entsteht nur bedingt.

Die EPZ von Ouanaminthe hat bislang 2.000 Arbeitsplätze geschaffen, die Schaffung von bis zu 20.000 Arbeitsplätzen ist im optimistischsten Szenario angekündigt. Im Zuge der Generierung von Kaufkraft durch Lohnauszahlungen können EPZs Antriebseffekte für die Nachfrage nach lokalen landwirtschaftlichen und anderen Produkten erzeugen. Zwar wird auch durch die Implementierung der EPZ in Ouanaminthe geringes Einkommen generiert, aber es fließt vor allem wieder zurück in die Dominikanische Republik. Der Grund sind die Dominanz dominikanischer Marktteilnehmer auf dem binationalen Markt in Dajabón und generell die ungleiche Handelsbilanz zwischen beiden Staaten, die zuungunsten Haitis ausschlägt. Der kaum existierende Binnenmarkt in Haiti wird somit nicht unterstützt oder in Gang gesetzt. Da die Löhne sehr niedrig sind (pro Woche: 15 Euro Fixlohn + Prämien), ergeben sich auch kaum Impulse für kleinere Investitionen oder Rücklagenbildung.

Trägt die EPZ zur Überwindung der regionalen Disparitäten im Grenzraum bei?

8. Die EPZ wird nicht zum Abbau regionaler Disparitäten in der Grenzregion beitragen.

Die Grenzregion von Ouanaminthe und Dajabón ist von sozialen und wirtschaftlichen Asymmetrien gekennzeichnet. Mit der Öffnung der Grenze wurde der Austausch von Waren und – eingeschränkt – Menschen möglich. Das eröffnete neue wirtschaftliche Perspektiven. Diese verbinden sich vor allem mit dem binationalen Markt, der auf der dominikanischen Seite der Grenze stattfindet und an dem Menschen aus dem gesamten haitianischen und dominikanischen Norden direkt oder indirekt partizipieren. Ein anderes Projekt, hierarchischer und geschlossener als der Markt, ist die EPZ. Hier sind die Rollen zwischen den dominikanischen und haitianischen (und US-amerikanischen) Beteiligten klar verteilt. Diese aktuelle Dynamik beruht auf Kooperation unter Nutzung der Komplementarität der Volkswirtschaften. Die Komplementarität ergibt sich aus der regionalen Disparität: wirtschaftlicher Erfolg auf der einen, Stagnation auf der anderen Seite. Steigende Löhne und wachsendes Humankapital auf der einen, überschüssige, preiswerte Arbeitskraft und niedriger Bildungsstand auf der anderen Seite, infrastrukturelle Defizite auf der einen, vergleichsweise moderne Infrastruktur auf der anderen Seite. Der „Nachbarschaftseffekt", das heißt die Inwertsetzung der Unterschiede der Faktorausstattungen auf engstem Raum für wirtschaftliche Aktivitäten, kommt an dieser Grenze voll zum Tragen. Eine Kooperation, die diese Asymmetrie nutzt, liegt im unternehmerischen Interesse, verstärkt jedoch zugleich die Abhängigkeit der schwächeren von der stärkeren Seite. Die Ausnutzung der Komplementarität schafft damit nicht unbedingt Bedingungen, die sich nachhaltig auf die Wirtschaftstruktur Haitis auswirken, sondern können die Disparitäten festigen. Der Standort Ouanaminthe ist in doppeltem Sinne als globalisierter Ort zu bezeichnen. Er verstärkt in seinem Umfeld kleinräumige Disparitäten und ist zugleich in seiner Existenz und Fortentwicklung von extern getroffenen (politisch-institutionellen und Unternehmens-)Entscheidungen abhängig.

9. Eine nachhaltige Entwicklung würde die Einbindung der Region in eine kohärente Entwicklungsstrategie erfordern.

Die regionalen Disparitäten werden direkt im Zusammenhang mit der Errichtung der EPZ insofern verstärkt, als dass diese zu einem ungeordneten Wachstum der Stadt Ouanaminthe beigetragen hat. In wenigen Jahren hat sich die Bevölkerungszahl vervielfacht, mit der Folge zusätzlicher infrastruktureller Überforderung und hoher Arbeitslosigkeit. Dadurch werden auch die Asymmetrien in den direkten Beziehungen zwischen den Akteuren der EPZ (Unternehmen und Arbeitnehmer) durch die Abwertung des Preises der Arbeitskraft durch Überangebot verstärkt.

Die Abwanderung aus ländlichen Regionen nach Ouanaminthe steht auch im Zusammenhang mit der Liberalisierung des Handels und dem Rückgang der landwirtschaftlichen Produktion, während in der Dominikanischen Republik die Hinwendung zu einer exportorientierten Wirtschaftsstrategie mit dem Schutz der einheimischen Produktion einherging. Schwache administrative Strukturen, fehlende Bildungseinrichtungen und politische Instabilität haben dazu geführt, dass sich keine endogenen Potentiale ausgebildet haben, um dem Standort eine nachhaltige Position in der Warenkette zu sichern. Auch fehlen politische Vorgaben, die Arbeitnehmerrechte und Arbeitsbedingungen regeln. Die Exportproduktionszone kann unter diesen Umständen schwerlich einen Beitrag zu einer nachhaltigen sozialen und wirtschaftlichen Entwicklung im Nordosten Haitis und damit zum Abbau regionaler Disparitäten leisten.

Eine umfassendere und an die soziale Umwelt angepasste Strategie müsste andere Potentiale der Region entwickeln. Dazu könnten Investitionen in die landwirtschaftliche Infrastruktur gehören. Das Bewässerungsprojekt der Welthungerhilfe wird von der Bevölkerung sehr positiv aufgenommen. Die Potentiale der Landwirtschaft wären in dieser Region günstig, um erstens Nahrungssicherheit und Ernährungssouveränität statt Importabhängigkeit zu erreichen und um zweitens auch für einen internationalen Markt zu produzieren. Wichtig wäre, dass auch die Weiterverarbeitung agrarischer Produkte in Haiti stattfindet, damit die Abhängigkeit vom Import verarbeiteter Produkte aus der Dominikanischen Republik verringert werden kann. Neben der Landwirtschaft könnten weitere Bereiche entwickelt werden, wie die Viehzucht und der Tourismus. Eingebettet in einem insgesamt stärker ausgeglichenen wirtschaftlichen Kontext und einen grenzübergreifenden Entwicklungsplan und unter der Bedingung eines handlungsfähigen Staates könnte auch die exportorientierte Industrie Entwicklungspotentiale für die Umgebung bieten.

7. Quellen- und Literaturverzeichnis

ALTENBURG, T. (2000): Linkages and Spillovers between Transnational Corporation and Small and Medium-Sized Enterprises in Developing Countries (= Opportunities and Policies, Reports and Working Papers Nr. 5/2000). Berlin.

ALTENBURG, T. (2001): Ausländische Direktinvestitionen und technologische Lernprozesse in Entwicklungsländern. In: Geographische Rundschau. Jg. 53, H. 7-8, S. 10-15.

BAIR, J. & GEREFFI G. (2000): Industrielle Entwicklung, Netzwerke und Beschäftigung in der Warenkette der Bekleidungsindustrie. In: DÖRRENBÄCHER, C.& PLEHWE, D. (Hrsg.): Grenzenrolle Kontrolle. Organisatorischer Wandel und politische Macht multinationaler Unternehmen. Berlin. S. 195-242.

BAIR, J. & GEREFFI G. (2002): NAFTA and the Apparel Commodity Chain: Corporate Strategies, Interfirm Networks, and Industrial Upgrading. In: GEREFFI, G ET AL. (Hrsg.). S. 23-50.

BAIR, J. & PETERS, E. D. (2006): Global Commodity Chain and Endogenous Growth: Export Dynamism and Development in Mexico and Honduras. In: World Development. Jg. 34, H. 2, S. 203-211.

BATAY OUVRIYE (Hrsg.) (2007): The "Hope" Act (= Political Bulletin Jg. 2, Nr. 2.). Port-au-Prince.

BATHELT, H. (1998): Regionales Wachstum in vernetzten Strukturen: Konzeptioneller Überblick und kritische Bewertung des Phänomens ,Drittes Italien'. In: Die Erde. Jg. 129, S. 247- 271.

BATHELT, H. & GLÜCKLER, J. (2003): Wirtschaftsgeographie. Ökonomische Beziehungen in räumlicher Perspektive. Stuttgart.

BERNDT, C. (2002): An der Peripherie global vernetzter Produktionswelten: Soziale Landschaften der Arbeit in Ciudad Juarez, Cihihuahua. In: Geographische Zeitschrift. Bd. 90, H. 3 & 4, S. 212-231.

BERNDT, C. (2004): Globalisierungs-Grenzen. Modernisierungsträume und Lebenswirklichkeiten in Nordmexiko. Bielefeld.

BONACICH, E. (2002): Labor's Responce to Global Production. In: GEREFFI, G. (Hrsg.), S. 123-135.

BOTSCHAFT DER REPUBLIK HAITI IN DEN USA (2008): A Guide to Investing in Haiti. (http://www.haiti.org/business&opportunity/bus_guide_investing.htm, 23.1. 2008)

BRENTON, P. & HOPPE, M. (2007): Clothing and Export Diversification. Still a Route to Growth for Low-income Countries. In: World Bank (Hrsg.). Policy Research Working Paper 4343.

BUSCH, B. (1992): Sonderwirtschaftszonen als Instrument der Systemtransformation. Köln.

CASTOR, S. (1988): L'occupation américaine d' Haiti. Port-au-Prince.

CBP [US- Costums and Border Protection] (2008): Der HOPE Act.
(http://www.cbp.gov/xp/cgov/home.xml ,15.01.2008)

CEPAL [Comisión Econónomica para América Latina] (2000): Haiti. Evolution économique de l' annee 1999. Port-au-Prince.

CEPAL [Comisión Econónomica para América Latina] (2006): Anuario estadistico. New York.

CASTELLS, M. (2001): Der Aufstieg der Netzwerkgesellschaft. Informationszeitalter: Wirtschaft, Gesellschaft, Kultur. Opladen.

DAMAIS, G. ET AL. (2004) : Débat : la zone franche de Maribaroux, sommes-nous partie prenante ? In: MATHELIER, R. ET AL. (Hrsg.). S. 113-125.

DANNENBERG, P. (2007): Cluster-Strukturen in landwirtschaftlichen Wertschöpfungsketten in Ostdeutschland und Polen: Am Beispiel des Landkreises Elbe-Elster und des Powiats Pyrzyce. Berlin et al.

DEPNER, H. (2007): Friction Losses at the Interface: Global Production Networks and Local Firms. Examples from the Automobile Industry in Shanghai. In: Die Erde. Jg. 138, H. 2, S.151-168.

DESHOMMES, F. (1992): Vie chère et politique économique en Haïti. Port-au-Prince.

DEWIND, J. & KINLEY III, D. (1988) : Aide à la migration. L' impact de l'assistance internationale à Haïti. Montréal.

DICKEN, P. (2007): Global Shift. Mapping the Changing Contours of the World Economy. New York.

DICKEN, P. & LLOYD, P. E. (1999): Standort und Raum. Theoretische Perspektive in der Wirtschaftsgeographie. München et al.

DR 1 [Dominican Republic News] (2007): Moving ahead on the Hispaniola Fund plan Artikel vom 6.3.2002.
(http://www.dr1.com/news/2002/dnews030602.shtml, 12.12.2007)

DUPUY, A. (1989): Haiti in the World economy. Class, Race, and Underdevelopment Since 1700. Boulder & London.

FEUCHTE, B. (2007): Billig Nähen für den Weltmarkt. Lebens- und Arbeitsbedingungen der Beschäftigten der bangladeschischen Bekleidungsindustrie. Eine sozialgeographische Studie. Berlin.

FLA [Fair Labor Association] (Hrsg.) (2007): The Apparel Industry in the Dominican Republic after the MFA: Report and Recommendations of an FLA Mission. Washington.

FRITZ, T. (2005): Globale Produktion, Polarisierung und Protest. In: Fritz, T. et al. (2005): Produktion der Abhängigkeit. Wertschöpfungsketten. Investitionen. Patente. Berlin.

FRÖBEL, F. ET AL. (1977): Die neue internationale Arbeitsteilung. Strukturelle Arbeitslosigkeit in den Industrieländern und die Industrialisierung der Entwicklungsländer. Reinbek.

FRÖBEL, F. ET AL. (1986): Umbruch in der Weltwirtschaft. Die globale Strategie: Verbilligung der Arbeitskraft, Flexibilisierung der Arbeit, neue Technologien. Reinbek.

FUCHS, M. (2003): Governance in transnationalen Unternehmen und Wertschöpfungsketten. Zur Annäherung an ein theoretisches Konzept. In: Zeitung für Wirtschaftsgeographie. Jg. 47, H. 3-4, S. 177-187.

GARRITY, M. P. (1981): The Assembly Industries in Haiti: Causes and Effects, 1967-1973. In: The Review of Black Political Economy. Jg. 11, H. 2, S. 203-215.

GELB, B. (2005): Haitian Textile Industry: Impact of Proposed Trade Assistance. (= CRS Report for Congress. Order Code RS21839. 8.2.2005). Washington.

GEREFFI, G. (1994): The organisation of buyer-driven global commodity chains: How US retailers shape overseas production networks. In: GEREFFI, G. & KORZENIEWICZ, M. (Hrsg.). S. 95-122.

GEREFFI, G. & KORZENIEWICZ, M. (Hrsg.) (1994): Commodity Chains and Global Capitalism. Westport.

GEREFFI, G. ET AL. (1994): Introduction: Global Commodity Chain. In: GEREFFI, G. & KORZENIEWICZ, M. (Hrsg.). S. 1-14.

GEREFFI, G. ET AL. (2002): Torreón: The New Blue Jeans Capital of the World. In: GEREFFI, G. ET AL. (Hrsg.). S. 203-223.

GEREFFI, G ET AL. (Hrsg.) (2002): Free Trade and Uneven Development. The North American Apparel Industry after NAFTA. Philadelphia.

GIBBON, P. (2001): Upgrading Primary Production: A Global Commodity Chain Approach. In: World Development. Jg. 29, H. 2, S. 345-363.

GLÜCKLER, J. (2001): Zur Bedeutung von Embeddedness in der Wirtschaftsgeographie. In: Geographische Zeitschrift, Bd. 89, H. 4, S. 211-226.

GRIMM, F. D. (1995): Veränderte Grenzen und Grenzregionen, veränderte Grenzbewertungen in Deutschland und Europa: In: Regionen an deutschen Grenzen. Strukturwandel an der ehemaligen innerdeutschen Grenze und an der deutschen Ostgrenze (= Beiträge zur regionalen Geographie). Leipzig.

GRUPO M (2008a): Unternehmensprofil.(http://www.grupom.com.do/, 4.1.2008)

GRUPO M (2008b): Werksgelände der Exportproduktionszone. (http://www.grupom.com.do/codevi_sitemap.html, 4.1.2008)

HAAS, H.- D. & ZADEMACH H.- M. (2005): Internationalisierung im Textil- und Bekleidungsgewerbe. In: Geographische Rundschau. Jg. 57, H. 2, S. 30-39.

HAGGERTY, R. (1989): Haiti: A Country - Study. Washington.

HAÏTI PROGRÈS (2008): Wochenzeitung. Artikel vom 10.7.2002: Aristide Trying to Sell 1875 Km² of Haiti. (http://www.haitiprogres.com/2002/sm020710/eng07-10.html, 12.2.2008)

HAITI SUPPORT GROUP (2008): Wochenzeitung aus Haiti mit Diskussionsbeiträgen über die Exportproduktionszone in Ouanaminthe. (http://haitisupport.gn.apc.org/zonefranche.htm, 8.2.2008)

HALDER, G. (2005): Chirurgische Instrumente aus Tuttlingen und Sialkot/Pakistan. Lokale Produktion für den Weltmarkt. In: Geographische Rundschau. Jg. 57, H. 2, S. 12-20.

HAMADA, K. (1974): An economic analysis of the duty free zone. In: Journal of International Economics. Jg. 4, S. 225-241.

HANSEN, N. (1986): Border Region Development and Cooperation. Western Europe and the U.S.-Mexico Borderlands in Comparative Perspective. In: MARTINEZ, O. (Hrsg.): Across Boundaries. El Paso. S. 31-44.

HASSLER, M. (2006): Globale und lokale Produktionsnetzwerke der balinesischen Bekleidungsindustrie. In: Geographica Helvetica. Jg. 61, H. 1, S. 50-57.

HECTOR, M. & MOÏSE, C. (1989): Colonisation et esclavage en Haïti. Le régime colonial francais à Saint-Domingue 1625-1789. Port-au-Prince.

HENDERSON, J., ET AL. (2002): Global production networks and the analysis of economic development. In: Review of International Political Economy. Jg. 9, H. 3, S. 436-464.

HOPKINS, T. K. & WALLERSTEIN, I. (1986): Commodity Chains in the World Economy Prior to 1800. In: Review. Jg. 10, H. 1, S. 157-170.

ICFTU [INTERNATIONAL CONFEDERATION OF FREE TRADE UNIONS] (Hrsg.) (2003): Haiti: spiralling out of control (=Trade Union World Briefing. Nr. 3).

ICFTU [INTERNATIONAL CONFEDERATION OF FREE TRADE UNIONS] (Hrsg.) (2004): Behind the Brand Names. Working conditions and labour rights in export processing zones. Genf.

ICFTU [INTERNATIONAL CONFEDERATION OF FREE TRADE UNIONS] (Hrsg.) (2005): Haiti – Dominican Republic Export Processing Zones. Taking on Grupo M. (=Trade Union World Briefing. Nr. 16).

IFC [International Finance Corporation] (2007): Projektbeschreibung Grupo M. (http://www.ifc.org/ifcext/spiwebsite1.nsf/0/8a726c491251205285256fd90057fb38?OpenDocument, 5.12.2007)

IHSI [INSTITUT HAITIEN DE STATISIQUE ET D'INFORMATION] (Hrsg.) (1999): Population de 18 ans et plus, ménages et densités estimés en 1999. Port au Prince.

IHSI [INSTITUT HAITIEN DE STATISIQUE ET D'INFORMATION] (Hrsg.) (2000): Enquête industrielle de 1999. Résultats définitifs. Port-au-Prince.

IHSI [INSTITUT HAITIEN DE STATISIQUE ET D'INFORMATION] (Hrsg.) (2007): Le Comptes economiques en 2006. Port-au-Prince.

ILO [INTERNATIONAL LABOUR ORGANISATION] (Hrsg.) (2003): ILO Data Base on Export Processing Zones. Genf.

ILO [International Labour Organisation] (Hrsg.) (2007): ILO Data Base on Export Processing Zones (= Working Paper 251). Genf.

IMF [International Monetary Fund] (Hrsg.) (2007): Haiti: Selected Issues and Statistical Appendix (= IMF Country Report Nr. 07/292). Washington.

JARAMILLO ET AL. (2006): Challenges of CAFTA. Maximizing the Benefits for Central America. Washington.

JOHANSON, H. & NILSSON, L. (1997): Export processing zones as catalyst. In: World Development. Jg. 25, H.12, S. 2115-2128.

KAPILINSKY, R. (1993): Export processing zones in the Dominican Republic: Transforming Manufactures into Commodities. In: World Develoment. Jg. 21, H. 11, S. 1851-1865.

KESSLER, J.A. (1999): The North American Free Trade Agreement, emerging apparel production networks and industrial upgrading: the southern California/ Mexico connection. In: Review of International Political Economy. Jg. 6, H. 4, S. 565-608.

KING, A. (2005): Räumliche Mobilität in Haiti zwischen Paysannerie und Weltmarkt. Wandel der Beziehungen zwischen Land, Stadt und Ausland unter dem Einfluss der Globalisierung am Beispiel des Verflechtungsraums von Cap Haitien. (= Tübinger Geographische Studien, Bd. 143). Tübingen.

KINUNDA-RUTASHOBYA, L. (2003): Exploring the potentialities of export processing free zones (EPZ) for economic development in Africa: lessons from Mauritius. In: Management Decision. Jg. 41, H. 3, S. 226-231.

KRAUS W. (2002): Sonderwirtschaftszonen in einer sich globalisierenden Welt: Zur aktuellen Situation der russischen Exklave Kaliningrad. (= Institut für Entwicklungsforschung und Entwicklungspolitik Working Papers. Band 170). Bochum.

KRÄTKE, S. ET AL. (1997): Regionen im Umbruch. Probleme der Regionalentwicklung an den Grenzen zwischen Ost und West. Frankfurt & New York.

KRÜGER, D. (2007): Commodity Chains in the Cuban Food Industry. In: Die Erde. Jg.138, H. 2, S. 187-212.

KULKE, E. (2004): Wirtschaftsgeographie. Grundriss Allgemeine Geographie. Paderborn.

KULKE, E. (2005): Weltwirtschaftliche Integration und räumliche Entwicklung. In: Geographische Rundschau. Jg. 57, H. 2, S. 4-10.

KULKE, E. (2007): The Commodity Chain Approach in Economic Geography. In: Die Erde. Jg. 138, H. 2, S.117-126.

MADANI, D. (1999): A Review of the Role and Impact of Export Processing Zones. In: Policy Research Working Paper 2238. World Bank. Washington.

MAIER, G. ET AL. (2006): Regional- und Stadtökonomik 2. Regionalentwicklung und Regionalpolitik. Wien.

MARSHALL, A. (1927): Principles of Economics. An Indroductory Volume. London.

MARTIN, P. ET AL. (2002) : Migration and Development: Whither the Dominican Republic and Haiti? In: International Migration Review. Jg. 36, H. 2, S. 570-592.

MARTINEZ, O. J. (1994) : The dynamics of border interaction. In : Schofield. D.H. Global Boundaries. World Boundaries. Jg. 1, S. 1-15. London & New York.

MATHELIER, R. ET AL. (2004): Les zones franches: un modèle à multiples facettes. In: MATHELIER, R. ET AL. (Hrsg.). S. 99-112.

MATHELIER, R. ET AL. (Hrsg.) (2004): Entreprise, Territoire & Développement. Compilation 2002-2003. Port-au-Prince.

MATHEWS, D. T. (2002): Can the Dominican Republic's Export-Processing Zones Survive NAFTA ? In: GEREFFI, G. ET AL. (2002). S. 308-323.

MAYRING, P. (2002): Einführung in die qualitative Sozialforschung. Basel & Weinheim.

MINKNER-BÜNJER, M. (2004): Freihandelsabkommen USA-Zentralamerika: Bleibt die regionale Integration auf der Strecke? In: Brennpunkt Lateinamerika. Nr. 12, S. 125-140.

MONTAS ET AL. (2004): Comment va notre économie? In: MATHELIER, R. ET AL. (Hrsg.). S. 53-68.

OHLIN, B. (1933): Interregional and International Trade. Cambridge.

OROZCO, M. (2006): Understanding the remittance economy in Haiti. Washington.

POSCHET EL MOUDDEN, L. (2006): Villes à la frontière et transforamtion de l'espace: le cas de Haïti et la République Dominicaine (= Dissertation). Lausanne.

REPUBLIQUE D'HAÏTI (2003): Le 4ème recensement général de la population et de l'habitat. Enquête nationale sur la population, sa structure et ses caractéristiques démographiques et socio-économiques. Port-au-Prince.

RIBANDO, C. M. (2005): DR-CAFTA: Regional Issues. (= CRS Report for Congress. Order Code RS22164. 8.7.2005). Washington.

RIBANO, C.M. & TAFT-MORALES, M (2007): Haiti: Developments and U.S. Policy Since 1991 and Current Congressional Concerns. (= CRS Report for Congress. Order Code RL 32294). Washington.

RICARDO, D. (1817/2006): Über die Grundsätze der politischen Ökonomie und der Besteuerung. London & Marburg.

SAAM, D. (2003): Passt der neue Anzug? Neuregelungen des internationalen Textilhandels – Auswirkungen auf Bangladesch. In: Bangladesch Zeitschrift. Jg. 6, H. 2, S. 2-5.

SASSEN, S. (1997): Metropolen des Weltmarkts. Die neue Rolle der Global Cities. Frankfurt.

SCHAMP, E. (2000): Vernetzte Produktion. Industriegeographie aus institutioneller Perspektive. Darmstadt.

SCHÄTZL, L. (2003): Wirtschaftsgeographie 1. Theorie. Paderborn.

SCHEIDLER, G. (1993): Haiti: Migrationstraditionen und Flucht. Berlin.

SCHOLZ, F. (2002): Die Theorie der „fragmentierenden Entwicklung". In: Geographische Rundschau. Jg. 54, H. 10, S. 6-11.

SCHOLZ, F. (2004): Geographische Entwicklungsforschung. Methoden und Theorie. (= Studienbücher der Geographie). Berlin.

SEDLACEK, P. (1994): Wirtschaftsgeographie. Eine Einführung. Darmstadt.

STAMM, A. (2004): Wertschöpfungsketten entwicklungspolitisch gestalten: Anforderungen an Handelspolitik und Wirtschaftsförderung. Konzeptstudie für BMZ und GTZ. Eschborn.

SPENCER, D. et al. (2002): Introduction: The Apparel Industry an North American Economic Integration. In: GEREFFI, G. (Hrsg.): S. 3-22.

STODDARD, T.S. (1914): The French Revolution in San Domingo. Boston et.al.

THEODAT, J.-M. (2003): Haïti – République Dominicaine. Une île pour deux. 1804-1916. Paris.

THEODAT, J.-M. ET AL. (2004): Quisqueya: Un papillon d'envol. In: MATHELIER, R. ET AL. (Hrsg.). S. 37-47.

TRANSPARENCY INTERNATIONAL (2007): Global Corruption Report 2007. Cambridge.

TÜCKING, E. (1999): Die deutsche Bekleidungsindustrie im Zeitalter der Globalisierung, eine Marktanalyse unter besonderer Berücksichtigung außenwirtschaftlicher Rahmenbedingungen (= Schriften zur Textilwirtschaft, Bd. 52, Dissertation). Münster.

UN [United Nations] & REPUBLIQUE D'HAÏTI (2000): Bilan commun du pays. Port-au-Prince.

UN [United Nations] (2008): Politische Karte Haiti 2004
(http://www.un.org/Depts/Cartographic/map/profile/haiti.pdf, 13.02.2008)

UNCTAD [UNITED NATIONS CONFERENCE ON TRADE AND DEVELOPMENT] (2005): TNCs and the Removal of Textiles and Clothing Quotas. New York & Genf.

UNDP [UNITED NATIONS DEVELOPMENT PROGRAMME] (2006): Human Development Report 2006. Beyond scarcity: Power, poverty and the global water crisis. New York.

UNDP [UNITED NATIONS DEVELOPMENT PROGRAMME] (2007): Human Development Report 2007/ 2008. Fighting climate change: Human solidarity in a divided world. New York.

US Census Bureau (2007): Import- und Exportdaten.
(http://www.census.gov/foreign-trade/Press-
Release/current_press_release/press.html, 13.12.2007)

USAID (2004): Dominican Republic Textile and Apparel Export Competitiveness. Trade and Industry Report. Washington.

USITC [United States International Trade Commission] (2004): Textiles and Apparel: Assessment of the Competitiveness of Certain Foreign Suppliers to the U.S. Market. Washington.

USITC [United States International Trade Commission] (2007): The Year in Trade 2006. Operation of the Trade Agreements Program. Washington.

USITC [United States International Trade Commission] (2008): U.S. International Trade Commission Trade Dataweb. (http://dataweb.usitc.gov/scripts/INTRO.asp, 3.1.2008)

USTR [Office of the United States Trade Representative] (2008): Caribbean Basin Initiative.
(http://www.ustr.gov/Trade_Development/Preference_Programs/CBI/Section_Index. html, 5.1.2008)

Waibel, M. (2003): Ein Überblick über die Entwicklung von Exportförderzonen in Vietnam. In: Pacific News, Nr. 20, S. 12-15.

Warr, P. G. (1989) Export Processing Zones. The Economics of Enclave Manufacturing. In: World Bank Research Observer 4, S. 65-87.

WEF [World Economic Forum] (2004): The Global Competitiveness Report 2003-2004. Oxford.

WEF [World Economic Forum] (2008): The Global Competitiveness Report 2007-2008. Oxford.

Willmore, L. (1995): Export Processing Zones in the Dominican Republic: A Comment to Kaplinsky. In: World Development. Jg. 23, H. 3, S. 529- 535.

Witt, A. (2003): Die deutsch-polnische und die US-mexikanische Grenze – Grenzüberschreitende Zusammenarbeit zwischen regionaler Identität, nationaler Priorität und transkontinentaler Integration (= Dissertation). Berlin.

World Bank (1992): Export Processing Zone. Washington.

World Bank (2006a): Doing Business Report 2006. Washington.

World Bank (2006b): Haiti. Options and Opportunities for Inclusive Growth. Country Economic Memorandum. Washington.

World Bank (2006c): World Development Report 2007. Washington.

WTO [World Trade Organization] (2007a): International Trade Statistics. Lausanne.

WTO [World Trade Organization] (2007b): Trade Profiles 2007. Lausanne

WTO [World Trade Organization] (2007c): World Trade Report. Lausanne

Anhang

A 1: Die größten Städte auf Hispañola

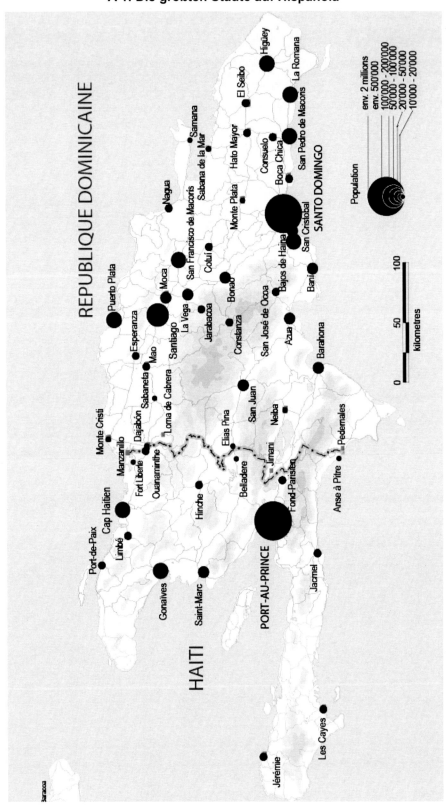

Quelle: Poschet el Moudden (2006: 62)

A 2: Das räumliche Gefüge und dynamische Prozesse in Haiti und der Dominikanischen Republik

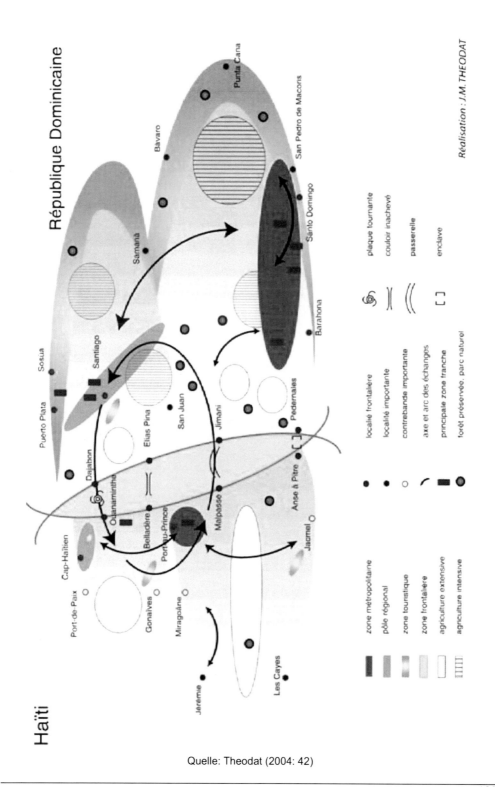

Quelle: Theodat (2004: 42)

A 3: Haiti politisch 2004

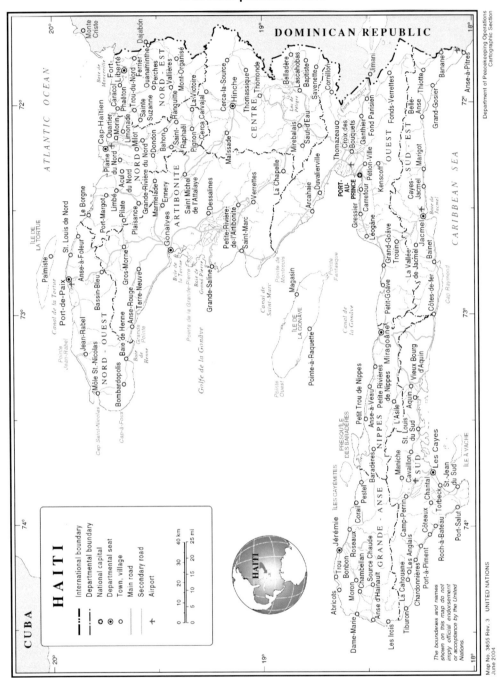

Quelle: United Nations (2008), Haiti politisch 2004: http://www.un.org

A 4: Bevölkerung von Haiti nach Gemeinden 2003

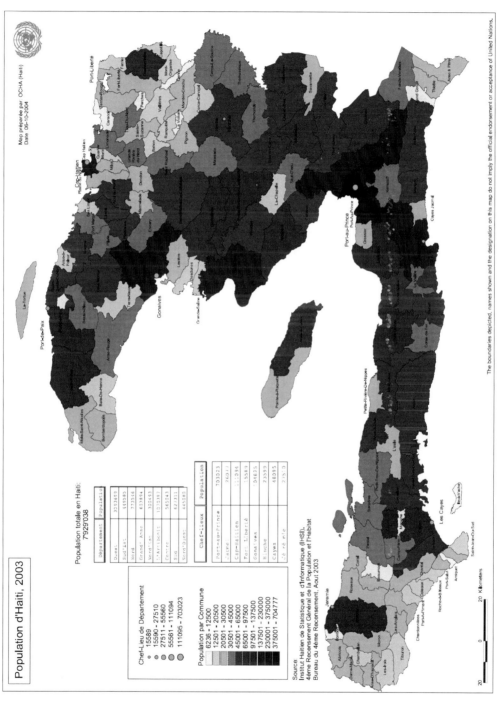

Quelle: IHSI (2003)

A 5: List of Questions to GRUPO M

▶ Grupo M is a Dominican company. In which area do you specialize, and which part of the production process do you maintain in the Dominican Republic?

▶ How many industrial parks do you hold in the Dominican Republic, in Haiti and other Caribbean states?

▶ How many employees do you employ in your company?

▶ Who are the buyers for your company? Which buyer does your company benefit from the most and why?

▶ Do you also produce with your own label?

▶ In general, what is the vertical range of manufacture in your company? Do you offer a full-package solution for the buyers? Do you also deal with design and marketing, or are these tasks being taken over by the buyers themselves?

▶ What led you to source out steps in the production chain to Haiti? Which economic incentives do Haiti and the border region of the Dominican Republic offer you?

▶ How would you describe the challenges for your company in the face of the ongoing competition on the global textile market, esp. in East-Asia?

▶ To which degree do you benefit as a company from US American trade policies (with regard to HOPE Act, CAFTA, CBI)? Which further steps concerning trade policies would your company wish to pursue?

▶ Which future perspectives do you hold for your company, which corporate-policy strategy do you favour, in order to stabilize and strengthen your position within the Dominican Republic and on the world market?

▶ Does your company use local backward linkages that support the local economy in Haiti with inputs (packaging, machines, cutting)?

▶ IFC, when according to crediting CODEVI, was forcasting „direct" jobs and "indirect" job creation. What kind of jobs, do you think, would those created "indirectly" be? Source :
http ://ifcln001.worldbank.org/ifcext/spiwebsite1.nsf/0/9f06d27d61b3152a85256d19006a63f1?OpenDocument

▶ To which degree is the local economy in Haiti involved in the production within the EPZ?

- What are the consequences of the implementation of EPZ for Ouanaminthe in Haiti and for the Dominican Republic? Do the citizens of Haiti and Haiti's economy benefit from it?

- Which development potentials or spill-over effects result from the implementation of EPZ in the regions Ouanaminthe and Dajabon?

- How do you view the development of the industrial zone CODEVI in the future? Are there already new investors that are interested in EPZ?

A 6: Leitfragen an Akteure (NGOs & Gewerkschaften) im Grenzraum

- Wie bewerten die Gewerkschaften die Einrichtung der Zone Franche (EPZ)? In welchem Verhältnis stehen Chancen (Arbeitsplätze) und Risiken (Ausbeutung)?

- Welches sind die drängendsten Probleme der Arbeitnehmer/innen in der Zone Franche?

- Welche Organisationen unterstützen die Arbeiter/innen bei der Durchsetzung ihrer Rechte?

- Welche Unterstützung von Gewerkschaften in der Dominikanischen Republik oder aus anderen Teilen der Welt erhalten sie dabei?

- Wie ist die momentane Situation in den Betrieben? (Gehalt, Arbeitsbedingungen, Existenz und Handlungsspielräume von Betriebsräten)

- Wie funktioniert die Kommunikation zwischen haitianischen Angestellten und dominikanischen Vorgesetzten?

- Welche aktuellen Entwicklungen stellen Sie in der Grenzregion fest?

- Welche anderen Nichtregierungsorganisationen sind in der Region aktiv und um welche Probleme kümmern sie sich? Welche Formen der Selbstorganisation sind in der Region aktiv?

- Welche alternativen Vorstellungen haben soziale Bewegungen von der Entwicklung der Gemeinde Ouanaminthe bzw. der Region?

- Welche Rolle spielt dabei die Grenze bzw. die Nachbarschaft zur Dominikanischen Republik?

- Welche Potentiale sehen Sie für die Entwicklung des Grenzraums? Welche Konzepte zur Nutzung dieser Potenziale für die Entwicklung der Region haben Sie?